AphorismA

Georg Rößler

„NICHT FÜR DEUTSCHE"?...

Yad Vashem

als Ort und Wirklichkeit

2021

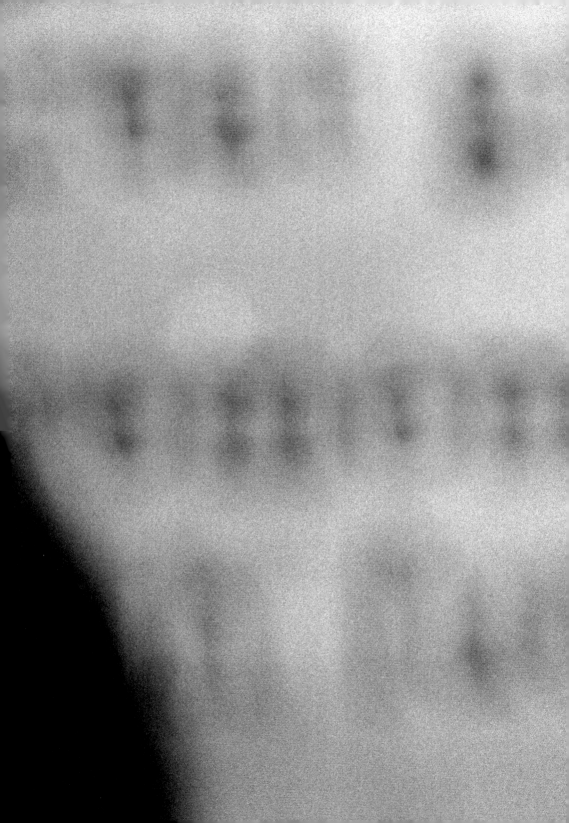

EINLEITENDE PERSÖNLICHE GEDANKEN

„Die deutschen Landser haben auch in Stalingrad schrecklich gehungert …!"

Die Shoah-Gedenkstätte Yad Vashem in Jerusalem ist wahrscheinlich der zentrale Schlüssel für ein Verständnis des jüdischen Staates Israel – von seiner Gründung bis in die Gegenwart und möglicherweise auch in die weitere Zukunft hinein. Start-Up-Nation, Frauenfragen, Minderheiten, Asylrechte, Nahostkonflikt, Besatzungspolitik und Friedensvisionen – praktisch alle tagespolitischen, ethischen und moralischen Themen scheinen sich auf die eine oder andere Weise immer neu mit den Fragen zu verbinden, mit denen uns diese Gedenkstätte konfrontiert.

Meine eigene Auseinandersetzung mit Yad Vashem ist eine persönliche Geschichte und biographisch geprägt. Zum einen natürlich unmittelbar durch meine deutsche Herkunft, mein Aufwachsen und meine Jugend im Westdeutschland der 60er und 70er Jahre, das von einem gesellschaftlich weitgehenden Ausblenden der Geschehnisse des Dritten Reiches bestimmt war. Einer meiner Großväter diente über die gesamten Kriegsjahre als Divisionspfarrer in Polen, Frankreich und an der Ostfront. Er schrieb jeden Tag eine Postkarte an seine Frau. In dem daraus entstandenen und diese Zeit beschreibenden Buch *Männer im Feuerofen* werden Juden wie auch die Rolle der *Wehrmacht* für die Vernichtungspolitik Nazideutschlands nicht erwähnt. Das Dritte Reich war in der Familie kein besonderes Thema. Erst wenige Jahre vor dem Ableben meines Vaters erfuhr ich, fast nebenbei, daß ich meinen Zweitnamen Berthold nach seinem Lieblingsonkel trage, einem offenbar besonders gewinnenden Menschen, der während der Kriegsjahre immerhin den Rang eines Oberst bei der Waffen-SS innehatte. Dem Dritten Reich und der Shoah bin ich eigentlich erst in meinen zwei Studienjahren von 1980-82 in Jerusalem begegnet.

Durch meine Ehe mit einer jüdischen Israelin habe ich wenige Jahre nach meiner Übersiedlung nach Israel 1988 einen zweiten, einen israelischen Paß erworben. Ich bin seit 30 Jahren Doppelstaatler und lebe damit einen nicht immer nur einfachen emotionalen Spagat: ich fühle mich meinem Herkunftsland Deutschland mit allen biographischen Fasern verbunden, während ich jetzt über die Hälfte meines Lebens die Geschichte, die Erfahrungen und das ‚Narrativ' des jüdischen Staates Israel teile. Unsere drei Kinder haben wir als Menschen, als Israelis, als Juden und mit einem deutschen Vater aufwachsen lassen – in dieser Reihenfolge. Sie mußten sich früh ein dickes Fell wachsen lassen, wenn sie von ihren Schulkameraden mit der Herkunft dieses Vaters aufgezogen wurden. Deutscher und Nazi wurden nicht groß unterschieden. Für die Oberstufen-Schulfahrten nach Polen ergab sich für sie eine besonders delikate Situation – in Auschwitz, Treblinka und anderen Schreckensorten begegneten sie auf paradoxe Weise ihrer Herkunft als Nachkommen sowohl der Opfer als auch der Täter...!

Für mich selbst ist besonders der Shoah-Erinnerungstag regelmäßig nicht leicht. An diesem einen Tag bin ich nicht mehr selbstverständlicher Teil der Gemeinschaft, in der ich lebe. Im Gegenteil, ich stehe der Gesellschaft, in der ich Aufnahme und zweite Heimat gefunden habe, mit meiner deutschen Herkunft und Identität als *der Andere* gegenüber.

Eine dritte Ebene der Auseinandersetzung ist eher professioneller Natur. Sie ist bestimmt durch meine langjährige Tätigkeit als Reiseführer und Reiseveranstalter in Israel und dem Heiligen Land:
Mitte der 1980er Jahre begann mein beruflicher Weg als Begleiter für Studienreisen nach Israel. Geschichte, Religion, heilige Stätten, eindrucksvolle Ausgrabungsorte, wundervolle Landschaften, das pastorale Galiläa und die Dramatik der judäischen Wüste und des Negev – und natürlich Jerusalem als Höhepunkt einer solchen Studienreise!

Wir waren geschult und darauf eingestellt, aus kundiger Vogelperspektive mit der notwendigen Distanz über Land und Menschen zu erzählen.

Aber wie unangenehm! Nach Besuchen in der Altstadt stand für den dritten Tag in Jerusalem die Weststadt mit Israelmuseum, Chagall-Fenstern, Ein Kerem, und dann auch, fast verschämt, ein Besuch des Herzl-Berges im Programm – nicht mehr und nicht weniger, oder doch eher weniger, denn was war mit diesem vagen Namen *Herzl-Berg* gemeint?

Der Soldatenfriedhof? Oder eine Visite des Grabes von Theodor Herzl – eine Würdigung des Visionärs und Proto-Architekten des modernen Staates Israel? Oder eben doch der Un-Ort, das schlechte Gewissen jedes deutschen Besuchers, die Shoah-Gedenkstätte Yad Vashem? Wahrscheinlich hatte der deutsche Reiseveranstalter die potentiellen Kunden in der Katalogbeschreibung nicht schon im Vorfeld verschrecken wollen, die Entscheidung für einen Besuch von Yad Vashem blieb darum uns überlassen.

Natürlich gingen wir mit den Gruppen nach Yad Vashem, zum Teil unter Protest einzelner Gäste. Wir mußten Überzeugungsarbeit leisten. Mir unvergessen ist der Jurist und Stadtrat aus München, später Mitglied des Bundestages, der in dem historischen Museum Yad Vashems und vor einem Photo ausgemergelter Lagerinsassen unserer Gruppe lautstark erklärte „*die deutschen Landser hätten in Stalingrad auch schrecklich gehungert!*"

Hinter einer solchen vielleicht ja richtigen, gleichzeitig kaltherzigen Aussage am völlig falschen Ort steckte wohl der Wunsch nach einer Anerkennung auch deutschen Leidens im *Zweiten Weltkrieg*: Für dessen Erfüllung war die Zeit jedoch erst viele Jahre später in der deutschen Öffentlichkeit reif. Die Kinder der Kriegsgeneration, die vor allem nach dem Krieg zu einer stillen Bedürfnislosigkeit verurteilt worden waren, weil es scheinbar ‚wichtigere Dinge' gab, fühlten sich in eine Empathie gegenüber den Opfern Nazideutschlands hineingezwungen, die für ihren eigenen Schmerz keinen Raum ließ.

Was sollten wir in Yad Vashem als deutsche Begleiter der Gruppen eigentlich erzählen? Und aus welcher Position heraus? Objektivierend distanziert von „Nazideutschland", „den Deutschen" sprechen? Oder uns hineinnehmen und „wir Deutsche" sagen?

Wer seinerzeit als deutscher Besucher die Shoah-Gedenkstätte Yad Vashem besuchte, hatte oft nur zwei Optionen: entweder völlige Selbstaufgabe durch Identifikation mit einem schuldig gewordenen Deutschland – oder mit innerer Distanziertheit bis hin zu emotionaler Verweigerung die Begehung des Ortes als Pflichtübung über sich ergehen lassen, um nach entsprechender ‚Betroffenheit' das emotionale Weite zu suchen.

Ein weiterer Notausgang und Flucht nach vorn konnten Beschreibungen des politischen Verhaltens Israels sein, mit zum Teil entwaffnenden historischen Vergleichen wie *„Was die Juden heute mit den Palästinensern machen, ist nicht viel anders als was die Nazis mit den Juden gemacht haben!"* Oder die moralisierende Frage: *„Was haben die Juden eigentlich aus ihrer Geschichte gelernt?"*

Dazu gehörten dann oft ein besonderes Engagement für die palästinensische Sache sowie negative Beschreibungen des *Zionismus* nach dem Sechs-Tage-Krieg von 1967, wenn man glaubte feststellen zu können, daß die jüdischen Israelis auch nur und nicht immer nur gute Menschen sind. Eine Unterscheidung zwischen tendenzieller Selbstentlastung und substantieller politischer Analyse muß bis heute immer wieder neu hergestellt werden.

Auch für die Gedenkstätte Yad Vashem selbst sollten noch lange Jahre vergehen, bevor sich eine eigene pädagogische Abteilung darüber Gedanken machte, welche Inhalte und Botschaften hier langfristig vermittelt werden sollen. Mitte der 80er Jahre befanden wir uns in einer Zeit der reinen Erinnerungskultur, mit einer Gedenkstättenpädagogik, die Erinnerung als ausreichenden und sich selbsterklärenden Zweck verstand. Die Nähe zu dem schrecklichen Geschehen der Shoah war immer noch sehr unmittelbar.

Vor dem Hintergrund gerade auch eigener Fragen entstanden die nachfolgenden Überlegungen, wie wir uns als auf unterschiedliche Weisen mit Deutschland verbundene Menschen der Shoah-Gedenkstätte Yad Vashem annähern können. Was wollen wir von diesem Ort? Welche Möglichkeiten für ein tieferes Verstehen Israels, aber auch von Menschen und Sitte allgemein bietet uns Yad Vashem?

Nur – was ist Yad Vashem überhaupt? Eine reine Gedenkstätte und Erinnerungsort? Gibt es Botschaften, die über eine unmittelbare Beschreibung des historisch Faktischen hinausgehen? Was sagt der Ort aus über den Staat Israel? Was sagt sich Israel selber mit diesem Ort? Was sagen wir uns? Und vielleicht – kann uns dieser Ort auch in der Zukunft etwas sagen?

Yad Vashem bietet sich an als ein Ort, der thematisch über den unmittelbaren Anlaß seiner Entstehung wie auch die geschichtliche Beschreibung der Shoah hinausweisen kann. Als ein Ort, der zu einem weiterführenden Nachdenken und auch zum Diskutieren einlädt: über Fragen nach einer Vergleichbarkeit der Shoah mit anderen Völkermorden, ob sich ‚Lehren' aus der Shoah ableiten lassen, die Frage nach der Herkunft der Feindschaft gegenüber Juden, durchaus und nicht zufällig gerade hier auch die Frage nach dem Israel-Palästina Konflikt, unsere Sicht auf Israel – und viele andere Fragen mehr.

Die Literatur zum Thema Drittes Reich und Shoah ist ungemein breit, von Fachliteratur und historischer Forschung über zahlreiche persönliche Augenzeugen- und Überlebendenberichte. Es bedarf mit Sicherheit keines weiteren Fachbuches. Es mag deswegen ein wenig gewagt vorkommen, vor dieser überwältigenden Fülle an Material überhaupt noch eigene Betrachtungen zu der Gedenkstätte Yad Vashem vorzustellen zu wollen.

Die nachfolgenden Beschreibungen und Reflexionen, Themen und Fragestellungen ergeben sich aus den unzähligen Begehungen Yad Vashems über einen Zeitraum von mehr als 30 Jahren, mit zum Teil sehr persönlichen Gesprächen und engagierten Diskussionen mit Menschen an diesem Ort und zu diesem Ort – und über ihn hinaus.

ZUM ERINNERUNGSBERG · ÜBER DEN REGIERUNGSBERG · VOM TEMPELBERG

„Die heiligen Berge von Jerusalem"

Der Herzl-Gedenkberg ist der dritte von drei Symbolbergen Jerusalems. Da ist zuerst der heilige Berg, der *Tempelberg* in der Altstadt von Jerusalem, in seiner islamischen Benennung ‚das würdige Heiligtum'. Auf ihm und um ihn herum bündeln sich die zentralen religiösen Traditionen Jerusalems und der monotheistischen Welt: Er ist der Gründungsfelsen, von dem aus die Welt erschaffen wurde. Aus der Erde vor Ort hat Gott den ersten Menschen geformt. Der Tempelberg ist dann auch der Berg Moriah, wo Kain und Abel das erste Opfer an Gott bringen, aber auch der erste Menschenmord erinnert wird, wenn Kain den Abel erschlägt. Hier erinnern wir die Anbindung und geplante Opferung Isaaks, hier entsteht der erste Tempel für den allein- und einzigen Gott. Und am Fuße des Tempelberges, im Kidrontal, werden am Ende der Tage die Völker für das Jüngste Gericht versammelt werden.

Der *Givat Ram* in der heutigen Weststadt von Jerusalem ist der *Regierungsberg*, mit Knesset, Ministerien, Nationalbank, Nationalbibliothek, Israel-Museum und dem Campus der Hebräischen Universität, dem Oberstes Gerichtshof, aber auch der Cinema City – sie alle stehen für den gegenwärtigen, den modernen Staat Israel. Hier laufen die Fäden des Alltags zusammen – in unmittelbarer Nähe der zentrale Busbahnhof Westjerusalems, gleich daneben der Bahnhof für die Eisenbahnverbindung zum Ben Gurion Flughafen und nach Tel Aviv. Auch nicht weit entfernt liegt der jüdische Wochenmarkt Machane Yehuda, das Kaleidoskop einer ethnisch, kulturell bunt durchmischten israelischen Gesellschaft.

Der dritte Symbolberg ist dann der *Gedenkberg Har Herzl*. Sein Soldatenfriedhof geht ansteigend über zu dem Begräbnisort für die Präsidenten, Ministerpräsidenten, die Knessetsprecher Israels sowie die bedeutendsten Führungspersönlichkeiten der zionistischen Bewegung. Auf seiner Spitze das Grab von Theodor Herzl, dem Begründer des politischen Zionismus und Visionär eines modernen jüdischen Staates. Er ist die höchste Erhebung in der Umgebung und kann als heilig-säkularer Gegenpol zum heilig-religiösen Tempelberg verstanden werden. Der Herzlberg ist der zentrale nationale israelische Gedenkort für die Erfüllung der Vision eines eigenen jüdischen Staatswesens nach 2000 Jahren. Deshalb finden hier dann auch unmittelbar im Anschluß an die Gedenkfeierlichkeiten für die Gefallenen aus den Kriegen des Staates Israel die Feierlichkeiten zur Eröffnung des Unabhängigkeitstages statt – eine symbolhafte Verschränkung der erbrachten Opfer mit dem Triumph der Eigenstaatlichkeit!

Auf dem westlichen Rücken des *Herzlberges* liegt etwas tieferliegend die Shoah-Gedenkstätte Yad Vashem. Der von hier ansteigende Weg zur Herzlbergspitze folgt dem gleichen symbolischen

Gedanken – aus der fast völligen Vernichtung zur Auferstehung durch einen eigenen Staat! Eine unmittelbare Wiederaufnahme des Exodus-Berichts – aus der Sklaverei in Ägypten hinauf in das Gelobte Land!

In der ursprünglichen Konzeption war Yad Vashem dem Herzlberg als nationalem Gedenkort eher nachgeordnet. Es dauerte einige Jahre, bis Yad Vashem durch die wachsende Bedeutung der Shoah für die israelische Identität zu einem Erinnerungsort eigenen Rechts wurde, der heute in seiner öffentlichen Wahrnehmung den Gedenkberg dominiert.

GEDENKSTÄTTE FÜR WEN?

„Aus der eigenen Befindlichkeit heraustreten ..."

Die Shoah-Gedenkstätte Yad Vashem – mit welchen Gedanken und Gefühlen kommen wir als Israel Besuchende hierher? Was wird von uns erwartet – und was erwartet uns? Und was erwarten wir von uns selber?

Betroffenheit? In der gut eingeübten Staatsraison einer Bundesrepublik Deutschland nach dem Zweiten Weltkrieg, nach der Deutschland schuldig geworden ist, um nun für immer ein schlechtes Gewissen vor sich her zu tragen?

Steht uns jetzt durch unsere Führung vor Ort eine geballte Ladung entsprechender Betroffenheitspädagogik bevor? Werden wir über den anstehenden Besuch erneut mit den Fürchterlichkeiten des Dritten Reiches konfrontiert, die uns ein weiteres Mal daran erinnern, wo wir herkommen und in welcher schrecklichen historischen Verantwortung wir stehen? Als hätten wir das in unserer Bundesrepublik nicht schon selber bestens eingeübt ... Machen wir uns darauf gefaßt, uns für die kommenden Stunden ordentlich schlecht fühlen zu müssen?

Solche Überlegungen und Erwartungen sind naheliegend – aber vielleicht gar nicht angebracht. Und wahrscheinlich entsprechen sie auch nicht dem Anliegen und dem Auftrag dieser nationalen israelischen Gedenkstätte – auch wenn gelegentlich Führungen eine solche pädagogische Linie verfolgen und oft dann hilflose Betroffenheit stiften mögen, oder vereinzelte Besucher Yad Vashems sich reflexartig selbst in eine solche Befindlichkeit hineinbegeben.

Eine solche Betroffenheitspädagogik kann eigentlich nur ‚nach hinten losgehen'. Sie erinnert in ihrer Wirksamkeit an den ausgelassenen Leichenschmaus nach der Beerdigung – wie lange sind wir bereit, uns traurig, elend, uns ‚schlecht' fühlen zu wollen? Schnell kommen nach überstandenem Abschied der Umtrunk und das erleichternde Lachen, schnell möchten wir zum Leben zurückkehren und uns auf den nächsten Programmpunkt des Tages freuen. Im Hinblick auf Yad Vashem können wir bei einem solchen pädagogischen Zugang sehr schnell die Möglichkeit verpassen, uns über den unmittelbaren Anlaß hinaus mit den eigentlichen und weiterführenden Fragestellungen des Ortes auseinanderzusetzen.

Wir wissen heute, daß das Dritte Reich ein Gesamtinferno verursacht hat mit einer Todesbilanz von etwa 80 Millionen Menschen. Wir erinnern die rund 27 Millionen Toten aus Sowjetrußland, die Ermordung der Sinti und Roma, wie auch die Vernichtung von ‚lebensunwertem Leben' in Deutschland selber. Und neben den vielen anderen Opfern können wir durchaus auch das Sterben von rund acht Millionen deutschen Menschen erinnern, die als Soldaten und Zivilisten in diesem von Nazi-Deutschland zu verantwortenden Krieg ihr Leben verloren haben.

Bei solchen Zahlen des Sterbens und Mordens erscheint die Vernichtung von sechs Millionen jüdischen Menschen dann fast als nur ein kleiner Ausschnitt in einem sehr viel größeren Szenario …

Weil wir uns hier aber an einem Erinnerungsort im jüdischen Staat Israel befinden, ist es nachvollziehbar, daß in dem Kontext dieses Ortes unmittelbar das jüdische Leiden und die eigene historische Erfahrung in den Blick genommen wird – als nationale Verarbeitung der existentiellen Bedrohung, die das jüdische Volk zu leisten hatte und weiterhin zu leisten hat. Deswegen sprechen wir im Folgenden auch ganz bewußt von dem ‚jüdischen' Staat Israel, wenn wir von Israel reden, dabei nicht vergessend, daß 20 Prozent seiner Einwohner nicht-jüdischer Herkunft sind, die ein eigenes Narrativ pflegen, für die die Shoah, die Vernichtung des europäischen Judentums, keine oder eine vergleichsweise geringe persönliche Rolle spielt.

Yad Vashem ist eine Gedenkstätte, die sich der jüdische Staat Israel stellvertretend für das jüdische Volk gestiftet hat, um seine eigene Geschichte mit dem Dritten Reich zu be- und verarbeiten. Dieser Gedenkort kann in seiner Betrachtung immer auch im Verhältnis zu den Entwicklungen gesehen werden, die es in seinem Selbstverständnis über die Jahre erfahren hat. Bei einem Besuch Yad Vashems erfahren wir, wie sich der jüdische Staat Israel seine Geschichte erzählt. Als Deutsche sind wir Teil dieser Geschichte. Aber es geht in erster Linie nicht um uns!

Auch wenn an diesem Ort durchaus universale Themen im Raum stehen – von dem Anliegen Yad Vashems her sind es jüdische Menschen aus aller Welt, die eingeladen sind, sich hier einen zentralen Ausschnitt der eigenen Geschichte zu vergegenwärtigen. Deswegen spielt es dann auch keine Rolle, ob wir uns hier als Japaner, Deutsche oder Indonesier aufhalten. Wenn wir nach Israel und hierherkommen, sind wir erst einmal einfach Besucher und wollen mehr verstehen von der Geschichte, dem Leben und dem Selbstverständnis der Menschen in diesem Land. Deswegen besuchen wir im Rahmen unseres Aufenthaltes im Lande und in Jerusalem neben anderen ‚sites' auch die Yad Vashem Gedenkstätte, um einen bestimmten Ausschnitt dieser Geschichte und seine Auswirkungen auf das heutige Israel besser verstehen zu lernen. Dazu müssen wir uns freimachen von einer Haltung, die danach fragt, was ein bestimmter Ort ‚für uns' bedeutet, und uns öffnen für eine Betrachtung, was ein bestimmter Ort ‚für andere' bedeuten mag – in diesem Fall dem jüdischen Volk und dem jüdischen Staat Israel.

In dieser Ausrichtung werden wir einen Besuch Yad Vashems nicht vergleichen mit einem Besuch von anderen Gedenkstätten wie Dachau, Sachsenhausen oder gar Auschwitz – auf den Spuren der Verbrechen, die von Deutschen und in deutschem Namen verübt wurden. Dafür bräuchten wir dann auch gar nicht bis nach Israel zu reisen, gibt es doch in hinreichender Zahl entsprechende Orte in größerer räumlicher Nähe Deutschlands.

Es geht also unmittelbar nicht um uns, sondern darum, mehr darüber zu erfahren, wie das jüdische Volk im Staat Israel seine eigene Geschichte mit der Shoah und dem Dritten Reich verarbeitet und wie sich diese Verarbeitung auf das Erleben und den Umgang mit dem Heute auswirkt. Treten wir deswegen aus unserer eigenen Befindlichkeit heraus und machen uns als neugierig-interessierte Besucher und Besucherinnen auf den Weg, dieses Land über diesen besonderen Ort tiefer begreifen zu wollen.

Gleichzeitig sind wir natürlich auf ganz eigene Weise mit dem Staat Israel verbunden – historisch, politisch, zwischenmenschlich. Wir haben unsere eigenen Fragen an diesen Staat, und viele dieser Fragen sind dann sicherlich auch mit Fragen an uns selber verknüpft.

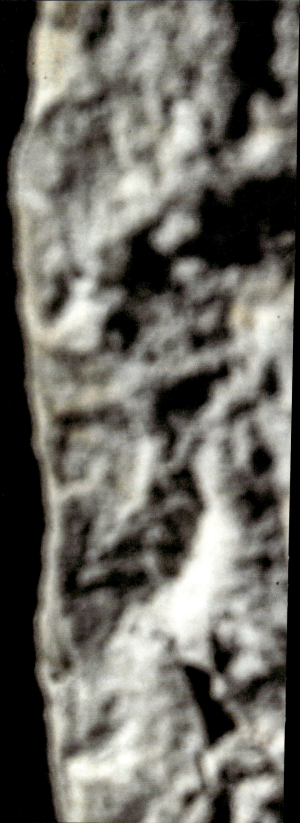

„Könnte es sein, daß die intensive Beschäftigung mit der Shoah bei vielen auch so etwas wie eine ‚Überfütterung' hervorgerufen hat? Gerade auch junge Menschen in Deutschland möchten doch zunehmend mit dem Thema in Ruhe gelassen werden."

Ein Modell in der großzügig ausgeführten Eingangshalle zeigt die verschiedenen Bereiche der Gesamtanlage Yad Vashem. An seiner westlichen Flanke befinden sich die Gebäude der *Internationalen Schule für Shoah-Studien* und des Archivs. Letzteres beherbergt in seinen Kellern die wohl größte Material- und Dokumentensammlung zum Thema Shoah weltweit! Mit der Öffnung der ehemaligen Ostblockstaaten Anfang der 90er Jahre des letzten Jahrhunderts kamen Millionen von weiteren Dokumenten nach Jerusalem, deren Auswertung sicherlich noch lange Zeit in Anspruch nehmen wird.

Im Archiv verschlossen liegen dann auch die schockierenden Photographien der Shoah. Nur Personen mit ausgewiesenem Forschungsanliegen können sie einsehen. Was im Museum gezeigt wird, ist eine Auswahl von vergleichsweise ‚verdaulicheren' Bildern.

In der *Internationalen Schule für Shoah-Studien* werden pädagogische Konzeptionen entwickelt und angeboten, wie die Shoah für junge Menschen und für die Zukunft thematisch aufbereitet werden kann. Über Jahrzehnte seiner Existenz hatte sich Yad Vashem allein und nur für das Thema Gedenken interessiert: Erinnert wurden die Opfer, die Täterinnen und Täter, auf noble Weise auch die Menschen, die Juden gerettet hatten. Erinnert wurde die Vorgeschichte, die zum Dritten Reich führte, ebenso wie die Befreiung aus den Lagern und die Versuche, jüdische Überlebende in das von Großbritannien abgeriegelte Mandatsgebiet Palästina zu bringen. Erinnern und Gedenken...

In den 1990er Jahren jedoch war dann zu entdecken, daß – ähnlich wie in Deutschland – eine auschließliche Erinnerungskultur bei jungen Menschen immer weniger zu greifen schien. Eine Form der 'Überfütterung' und oft auch als zwanghaft empfundene Beschäftigung älterer Generationen mit der Shoah führte vielfach zu Überdruß, Ablehnung oder sogar Zynismus gegenüber dem Thema. Warum sie sich überhaupt schuldig fühlen sollen, fragten mehr und mehr junge Deutsche. Und ob sie sich auf ewig als Opfer definieren wollen, fragen viele junge Israelis. Was haben junge Menschen der dritten und vierten Generation nach dem Dritten Reich und der Shoah noch mit dieser beinahe zum Abwinken 'nervigen' Geschichte zu tun? Und – was hat diese Geschichte noch mit ihnen zu tun?

Solche Überlegungen haben 1993 zu der Entscheidung geführt, eine *Internationale Schule für Shoah-Studien* einzurichten, die sich dann so gut entwickelt hatte, daß 2005 eine eigene Europäische Abteilung gegründet wurde, die seit vielen Jahren Partnerschaften mit verschiedenen europäischen Ländern und auch Verträge mit einer Reihe bundesdeutscher Länder unterhält. In deren Rahmen kommen Pädagogen nach Jerusalem, um in intensiven Kursen moderne ‚Shoah-Pädagogik' zu studieren. Unterrichtsmaterialien liegen mittlerweile in 18 verschiedenen Sprachen vor, darunter auch eine eigene Arabisch-Abteilung.

Auf dem anschaulichen Modell im Eingangsbereich können wir die zentralen Zielorte einer Begehung der Gesamtanlage von Yad Vashem ausmachen: die *Allee der Gerechten*, den *Warschauer Ghettoplatz*, das *alte historische Museum* mit seinen Sonderausstellungen, die *Gedenkhalle*, die *Kindergedächnisstätte*, das *neue historische Museum* wie dann auch das etwas entfernt liegende *Tal der Gemeinden*, der letzte wichtige Abschnitt in der Gestaltung der Außenanlagen der Gedenkstätte.

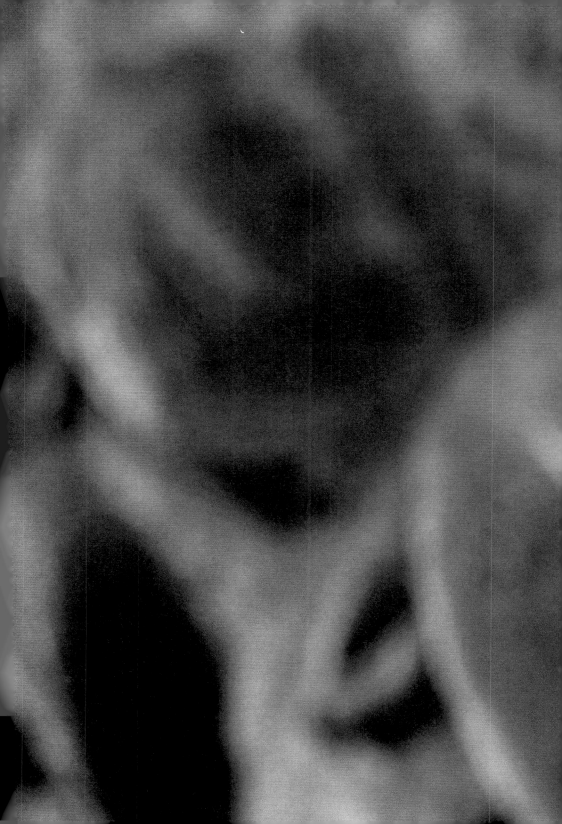

SICH AUS DEM FENSTER HÄNGEN

„Für das Böse findet sich eigentlich immer eine Erklärung.

Aber wie erklären wir das Gute im Menschen?"

Gleich hinter der Eingangshalle beginnt die sogenannte *Allee der Gerechten*. Das Wort *Gerechte* ist hier eine etwas unglückliche Übersetzung des hebräischen *Chasside Umot HaOlam*, was eigentlich *Barmherzige der Völker* bedeutet. Gemeint sind damit nichtjüdische Menschen, die sich ‚barmherzig' gezeigt, die in einer Zeit, die von Apathie oder Angst um das eigene Überleben bestimmt war, sich überwanden und bedrohten jüdischen Menschen das Leben gerettet haben. Das Sanktionssystem Nazi-Deutschlands war gnadenlos: Wer diesen ausgegrenzten ‚vogelfreien' Menschen half, mußte davon ausgehen, dafür mit dem Leben zu bezahlen – und nicht nur mit dem eigenen. Insbesondere in den osteuropäischen eroberten und besetzten Gebieten wurde die Bevölkerung in jeder Form damit konfrontiert, daß ‚unerlaubte Hilfeleistung' drastische Folgen haben würde, nicht nur für die einzelne helfende Person selber, sondern auch für ihre Familie – Kollektivhaftung.

Nicht wenige dieser ‚Barmherzigen' mußten einen hohen Preis für ihren Einsatz zahlen. Viele wurden noch im Krieg aufgespürt und zum Tode verurteilt. Irritierend und bis heute einfach völlig unverständlich ist das spätere Schicksal einer Reihe von Diplomaten und Beamten, die auf eigene Verantwortung teilweise Tausende Visa für bedrohte Juden ausstellten, um nach (!) dem Krieg von ihren eigenen Regierungen dafür abgestraft zu werden. Dazu zählt etwa der Polizeikommandant von St. Gallen, Paul Grüninger, der tausenden jüdischer Flüchtlinge den Zugang in die Schweiz ermöglicht hatte. Er wurde unmittelbar nach dem Krieg aus dem Amt entfernt und verlor seine Pensionsberechtigung. Aristides de Sousa Mendes, der portugiesische Generalkonsul in Bordeaux, rettete ca. 30 000 Juden mit seinen Transit-Visa nach Portugal, der wohl größten Rettungsaktion während des Dritten Reiches überhaupt. Auch er wurde nach dem Krieg aus dem Amt entfernt und starb in Armut. Sempo Sugihara, der japanische Generalkonsul in Kovno, Litauen, stellte ebenfalls tausende Visa für bedrohte Juden aus und zahlte mit der beruflichen Karriere für sein Handeln. Was für Regierungen und Länder Anlaß für späte Würdigung hätte sein können, wurde von Bürokratie und staatlichem Richtlinien-, Vorschrifts- und Beamtendenken nachträglich sanktioniert.

Das Schicksal von Raoul Wallenberg ist besonders tragisch: Der schwedische Diplomat wurde in Budapest von den einrückenden Russen als vermeintlicher Spion oder Agent Nazi-Deutschlands inhaftiert. Sein weiteres Schicksal liegt bis heute im Dunkeln. Tausende ungarische Juden verdanken ihm ihr Leben.

Ob wir den Mut gefunden hätten, uns für bedrohte Menschen einzusetzen, wo ein solch hoher Preis dafür im Raum stand? Für mich selber muß ich bekennen, daß ich eher nicht zu den Helden gehört hätte. Umso beeindruckender ist das Handeln derer, die es eben doch waren.

Das legt die Frage nahe, ob es vielleicht ein gemeinsames, eigenes und besonderes Persönlichkeitsprofil dieser ‚barmherzigen' Menschen gab? Die helfenden Personen kamen aus allen nur vorstellbaren Bereichen der jeweiligen Gesellschaften. Es war mit Sicherheit keine soziale Stellung, kein spezifischer Berufs- und Lebenshintergrund, keine spezifische Glaubensgemeinschaft, die diese Menschen vorherbestimmt hätten Helfer zu werden. Wir können es nicht sagen. Aber auch ohne eine gültige Antwort fasziniert die Frage: Woher kommt das Gute? Oder wie es der Shoah-Überlebende Imre Kertesz formuliert hat: Ihn interessiere das Böse nicht wirklich, denn dafür finde sich immer eine Erklärung in niedrigen menschlichen Trieben. Eigentlich unerklärlich hingegen sei das Gute.

Unmittelbar mit seiner Gründung war eine eigene Abteilung Yad Vashems damit beauftragt, solche ‚barmherzigen' Menschen ausfindig zu machen – heute sind es fast 30 000 Namen aus 51 Ländern!

Diese *Barmherzigen der Völker* – oder in zunehmender Zahl ihre Nachkommen – werden nach Israel eingeladen. Mit ihnen gemeinsam wird in der *Allee der Gerechten* ein Baum gepflanzt. Oft finden die Ehrungen auch in den Ländern der Retter selbst und über die israelischen auswärtigen Vertretungen statt. Die ‚Barmherzigen' erhalten gleichzeitig zu ihrer Ehrung eine israelische Ehrenstaatsbürgerschaft. Und diese ist nicht nur eine symbolische Würdigung: Wer sich dafür entscheidet, in Israel leben zu wollen, erhält eine Pension, Gesundheitsversorgung und Unterstützung für Unterkunft und Alterspflege. Die meisten ‚Barmherzigen' sind heute schon nicht mehr unter uns. Verstorbene Personen erhalten deswegen eine *Erinnernde Staatsbürgerschaft*.

Die Symbolik der Bäume ist unmittelbar: durch Wurzeln in der Erde verankert, die Krone in den Himmel und in die Zukunft weisend! Mittlerweile gibt es auf dem Areal *Yad Vashems* keinen Platz für weitere Bäume, weswegen neue Namen heute an Wänden im *Garten der Barmherzigen* eingraviert werden. Es ist ein Erinnern – nicht nur die Täter und Opfer, sondern eben auch die Menschen, die sich rettend aus dem Fenster gehängt haben.

KOSAKEN, HELDEN UND ADOLF EICHMANN ...

„**Der Warschauer Ghettoaufstand hatte militärisch ja wohl keine größere Bedeutung. Und dann gab es doch auch eine ganze Reihe anderer Ghettoaufstände und Lagerausbrüche. Warum wird jetzt der Warschauer Ghettoaufstand so besonders hervorgehoben?**"

Der *Warschauer Ghettoplatz* in Yad Vashem ist geprägt von der *Mauer des Gedenkens* und zwei darin eingelassenen Skulpturen, die eine unmittelbare Referenz auf die 1948 fertiggestellte, praktisch identische Plastik von Nathan Rapoport in Warschau sind. Die Wand aus roten Ziegeln ist eine Anspielung auf die Ghetto-Mauern von Warschau. Die rechte Skulptur zeigt Juden auf dem Weg in die Deportation, eine Menschengruppe zieht gebeugt-trostlos in die Vernichtung. Die linke Skulptur erinnert mit ihren Kraftgestalten ein heroisches Aufbegehren, den historischen Warschauer Ghettoaufstand. Die Gegenüberstellung ist wieder programmatisch, sie beschreibt das Selbstverständnis des noch jungen Staates Israel: aus der Demütigung und dem Weg in den Tod – zu Kampf und Widerstand. Es sind die zwei Seiten der gleichen Münze, die wir später in der Gegenüberstellung von *Yad Vashem* und *Massada* nachvollziehen (S. 92ff) wollen!

Auch wenn die Skulpturenwand vor uns erst 1976 installiert wurde, kurz vor der Regierungsübernahme durch die Likud-Partei und damit dem Übergang in ein liberalistisch-kapitalistisch orientiertes Israel, erinnern uns die Skulpturen in ihrem Stil unmittelbar an den sozialistischen Realismus und damit an die Gründungs- und Aufbaujahre Israels. Im Jahr 1947 hatten nicht nur die Vereinigten Staaten von Amerika, sondern auch die seinerzeitige UdSSR für die Gründung eines Staates Israel votiert – in der Hoffnung, einen sozialistischen Satelliten im Nahen Osten platzieren zu können. Und über die ersten dreißig Jahre seiner Existenz war Israel tatsächlich stark geprägt von einem sozialistisch inspirierten Gesellschaftssystem.

Hier, auf dem *Warschauer Ghettoplatz,* finden die offiziellen Zeremonien für den nationalen Shoah-Gedenktag statt – neben dem Gedenktag für die Kriegsgefallenen und dem Unabhängigkeitstag einer der drei nichtreligiösen Nationalfeiertage des Landes. An seinem Vorabend ist das Areal bestuhlt und bis auf den letzten Platz besetzt. Die Regierung und die Knesset vertretende Personen, des Obersten Gerichtshofs, die Führungsspitze der israelischen Armee, Shoah-Überlebende und natürlich Ehrengäste aus dem In- und Ausland sind anwesend. Auf der Bühne singt der berühmte *Amcor*-Jugendchor, sechs Fackeln werden von ausgewählten Bürgern des Landes entzündet, der Vorsitzende der Knesset hält eine Rede. Hier und an diesem Abend nicht anwesend zu sein ist für Vertreter der israelischen Politik und Öffentlichkeit keine gute Idee.

Wenn wir als Besucher an normalen Tagen neben Schulklassen immer wieder auch zahlreiche Gruppen aus der Armee erleben, die im Rahmen einer Fortbildung von jungen Soldatinnen lautstark erklärend durch die Anlagen geführt werden, dann ist das selbstverständlicher Ausdruck dafür, wie sehr die Shoah weiterhin einen zentralen Aspekt jüdisch-israelischen Selbstverständnisses darstellt. Damit wird dann auch die Verbindung zwischen der erfahrenen Hilflosigkeit und dem Bedürfnis nach einer starken Armee erklärbar.

Um die innere Konzeption der Yad Vashem Gedenkstätte in ihrer Entwicklung nachzuvollziehen, gehen wir in die zweite Hälfte des 19. Jahrhunderts zurück. Die Lebensbedingungen für jüdische Menschen in Osteuropa, besonders im zaristischen Rußland, hatten sich zunehmend verschlechtert. Immer mehr von ihnen waren nicht länger bereit, sich von aufgehetzten Kosaken durch spontane wie auch staatlich gelenkte Pogrome quälen zu lassen. Die Suche nach einem Zufluchtsort wurde akut. Gleichzeitig wollten sich viele überwiegend junge jüdische Menschen auch von einer traditionellen und streng religiösen Lebensform im sogenannten *Shtetl* trennentrennen. Sich trennen von der Karikatur des gebückten Krämerjuden, der sich wehrlos durch das Leben betet.

Während jetzt die meisten jüdischen Exilanten in die USA gingen, um dort ein neues Leben zu beginnen, hatte die jüdische Einwanderung in das von den Türken beherrschte Palästina, ‚das Land Israel', dagegen eine stark ideologische Komponente. Wer nach *Erez Israel* ging, suchte nicht nur ein besseres Leben oder einfach Sicherheit gegenüber der alltäglichen Bedrohung in den überwiegend osteuropäischen Herkunftsländern: Mit dem Ziel, eine neue Heimat zu gründen, Böden anzukaufen, sie zu rekultivieren und Landwirtschaft zu treiben verband sich für viele auch die Idee, einen neuen Menschen, den ‚neuen Juden' entstehen zu lassen. Dieser ‚neue Jude' sollte nicht mehr als Händler, Krämer oder Rabbiner sein Brot verdienen, sondern ein Mensch sein, der den Boden bearbeitet. In der zweiten Hälfte des 19. Jahrhunderts entwickelte sich in Europa und besonders in Osteuropa die inspirierende Idee eines seinerzeit noch unverbrauchten Sozialismus, den die jüdischen ‚Pioniere' und Begründer von landwirtschaftlichen Genossenschaften mit nach Palästina brachten. Sie ging einher mit einer eigenen Bilderwelt, darunter die Vorstellung von der hochgewachsenen, selbstverständlich blonden Frau, die das Korn ausstreut und dem muskelstarken Mann, der mit weitem Sichelschwung das Kornfeld herunterschneidet. Der neue, der wahre Mensch!

Der ‚neue Jude' war wehrhaft. Er ließ sich in seinem Selbstverständnis nicht mehr von Kosaken oder jetzt lokalen Arabern in der neuen Heimat schikanieren. Der neue Jude kämpfte und wehrte sich. Wenn die arabischen Nachbarn zu den Waffen griffen, wurde zurückgeschossen. Wenn später die britische Mandatsmacht ihren Mandatsauftrag nicht einhielt, wurde sie bekämpft.

Der wehrhafte, kämpferische, neue Jude, der ‚sein' Land rekultiviert, wurde die idealistisch-ideologische Basis für die vorstaatliche jüdische Ansiedlung in Palästina, dem sogenannten *Jischuw*, der nach dem Abzug der Briten 1948 in den neuen Staat Israel überging.

Aus dieser Haltung und dem Selbstverständnis des vorstaatlichen *Jishuw* wie dann auch des jungen neuen jüdischen Staates heraus sind die Gründerjahre Yad Vashems zu würdigen: Ursprünglich gedacht als Erinnerungsort für das ausgelöschte europäische Judentum –ausgestaltet als eine Heldengedenkstätte! Erinnert wurden die 1,5 Millionen jüdischen Soldaten, die in den alliierten Streitkräften gegen Nazi-Deutschland gekämpft, die Partisanen, die in den Wäldern deutsche Wehrmachtssoldaten gejagt hatten, sowie die Führungspersönlichkeiten der Aufstände in den Ghettos. Der bekannteste und sicherlich bedeutendste Ghettoaufstand wurde Warschau, dem dann auch die große Stele auf dem höchsten Punkt Yad Vashems gewidmet ist – sie überragt programmatisch die ganze Anlage. Der Warschauer Ghettoaufstand vom 19. April bis zum 16. Mai 1943 hatte unmittelbar militärisch betrachtet keine Bedeutung: Die Verluste der Deutschen waren gering, der Untergang des Ghettos konnte nicht aufgehalten werden. Dennoch gelang es den Aufständischen, die mit der Auflösung des Ghettos beauftragten deutschen Truppen für mehrere Wochen zu binden, was eine enorme Signalwirkung für Aufstandsbewegungen an anderen Orten gewann. Die Unbesiegbarkeit der deutschen Armee war in Frage gestellt worden. Kommandeur Jürgen Stroop erklärte bei seinem Prozeß nach 1945, daß der Widerstand aus dem Ghetto für alle Beteiligten eindrucksvoll und überraschend gewesen sei.

Der Warschauer Ghettoaufstand weist dann auch weit über sich selbst und seine unmittelbaren Ergebnisse hinaus. Er steht symbolhaft für den Abschied von einem zentralen Aspekt jüdischen Lebens- und Selbstverständnisses über fast 2000 Jahre:

Wenn wir jüdische Geschichte betrachten, dann entdecken wir, daß es nach der Niederwerfung des *Bar Kochba-Aufstandes* durch Rom im Jahre 135 n. Chr. G. im Judentum keine weitere Beschreibung von Kriegern und Helden gibt. Bewaffneter Widerstand als Option für Überleben war aus dem jüdischen Kanon herausgenommen. Während andere Völker den Kampf für Freiheit oder das eigene Land idealisierten, entwickelte sich im Judentum das Ideal von dem religiös gebildeten Menschen. Und wenn ein wohlhabender Vater seine bildhübsche Tochter verheiraten wollte, dann war der ideale Kandidat nicht etwa der Sohn aus einer ebenfalls situierten Familie, sondern der vielleicht bettelarme, dafür vielversprechende Talmudstudent.

In Warschau 1942, stellvertretend für alle anderen Widerstandsbewegungen, holt sich das jüdische Volk das Heldentum und die Option des bewaffneten Kampfes wieder zurück, was sich unmittelbar verband mit den Idealen eines wehrhaften neuen jüdischen Menschen – im *Jischuw* und dann auch im neugegründeten Staat Israel.

Gegenüber dieser ideologischen Folie von dem kämpferischen, den Boden bearbeitenden neuen jüdischen Menschen kamen jetzt und nach 1948 rund 300.000 *Displaced persons (DP)*, also jüdische Flüchtlinge aus dem ausgebrannten Europa und seinen aufgelösten Lagern, in den jungen Staat Israel, dessen jüdische Bevölkerung gerade einmal etwas über 600.000 Menschen zählte. Aber so sehr der junge Staat sich von seinem allerinnersten Anliegen als Fluchtort für bedrängte jüdische Menschen aus aller Welt verstand und bis heute auch versteht – diese neu ins Land strömenden Menschen aus Europa standen in einem fürchterlichen, beinahe unerträglichen Widerspruch zu dem Selbstverständnis, aus dem heraus der *Jischuw* gewachsen und sich zu einem jüdischen Staat entwickelt hatte: Menschen, zerschlagen an Leib und Seele, Opfergestalten – und damit das genaue Gegenbild zu dem kämpferischen neuen Juden! Aus dieser Zeit kommt der vernichtende Satz, die Juden Europas hätten sich ‚wie die Schafe zur Schlachtbank' führen lassen. ‚Warum haben sie sich nicht gewehrt, haben sie nicht gekämpft?', wurde gefragt. Diese Neueingewanderten waren dem wehrhaft konzipierten jungen Staat Israel im Grunde peinlich, bedeuteten eine unangenehme Erinnerung an eine jüdische Vergangenheit, von der man glaubte, sie längst hinter sich gelassen zu haben. Die Flüchtlinge aus Europa wurden daher vielfach ausgegrenzt, oft verhöhnt und lächerlich gemacht. Buch und Film *Der Sommer von Aviha* von Gila Almagor beschreiben die Atmosphäre und den Umgang mit den Überlebenden der Shoah in den ersten

Jahren des jungen Israels auf eindrucksvolle Weise. Niemand wollte die Geschichten dieser Menschen hören. Viele zogen sich vereinsamt in sich zurück, andere gründeten neue Familien. Nur die wenigsten sprachen über ihre furchtbaren Erinnerungen – die nur in nächtlichen Träumen lebendig werden durften und die Opfer auf das schrecklichste peinigten.

Eine Veränderung im Blick auf die Überlebenden der Shoah und ihre Stellung in der israelischen Gesellschaft – und in der Folge dann auch im Selbstverständnis Yad Vashems – kam 1961 mit der Entführung von Adolf Eichmann und seinem anschließenden einjährigen, öffentlichen Prozeß in Jerusalem:

In einer spektakulären Aktion hatte der israelische Geheimdienst den Verantwortlichen für die Durchführung der ‚Endlösung' Adolf Eichmann aus seinem Versteck in Buenos Aires entführt und nach Israel gebracht. Der öffentlich geführte Prozeß wurde live im Radio übertragen. Und die israelische Öffentlichkeit hörte zu – die Menschen hingen zuhause, in den Bussen und am Arbeitsplatz gebannt am Radio! Hörten vielleicht zum ersten Mal über die in pedantisch-juristischer Form durchgeführten Zeugenbefragungen von den furchtbaren Erlebnissen, die die Opfer erlitten hatten. Und wie bei der Ausstrahlung des Filmes *Holocaust* Anfang 1979 im bundesdeutschen Fernsehen, wo die Menschen über das Einzelschicksal der Familie Weiß aus Berlin die Geschichte des Dritten Reiches und der Vernichtung der Juden zum ersten Mal wirklich an sich heranließen, so wurde hier über das Medium des Radios das Schicksal der verfolgten Juden jetzt Teil des jüdisch-israelischen Kollektivs. Was vorher ausgegrenzt und abgewehrt worden war, wurde gemeinsames Schicksal. Seit dem Eichmann-Prozeß ist die Shoah unmittelbar auch jüdisch-israelische Geschichte. Und wenn in der jüdischen Passa-Liturgie gesagt wird, daß „wir alle unter Pharao gelitten haben", so waren jetzt alle jüdischen Israelis auch in Auschwitz gewesen. Eine kollektive Identifikation mit dem Leiden von Auschwitz war geboren. In dem jungen, noch völlig säkularen Staat Israel entwickelte sich die Geschichte des Dritten Reiches und die Verfolgung und Vernichtung des europäischen Judentums zu einem zentralen, identitätsstiftenden Ferment.

Damit wurde auch der Weg frei für eine erweiterte Sichtweise Yad Vashems: Helden waren jetzt nicht mehr allein die Kämpfer, Soldaten und Widerständler im bewaffneten Kampf gegen Nazi-Deutschland und seine Gehilfen. Als Helden wurden jetzt auch Menschen gewürdigt, die sich in den Lagern für Menschenwürde einsetzten, die Krankenstationen eingerichtet, Konzerte und Theateraufführungen im Ghetto organisiert, menschlicher Existenz als ‚Abbild Gottes' unter den schrecklichsten Umständen Würde geschenkt hatten – auch wenn sie am Ende in den Tod gehen mußten.

HOLLYWOOD UND BÖSE MATHE-LEHRER ...

„Man kann sich ja heute in Deutschland kaum noch verstecken vor lauter Gedenkstätten, Stolpersteinen, Filmen, Büchern. Alles wird irgendwie mit dem Dritten Reich und der Shoah zusammengebracht. Das war ja nicht immer so. Wie hat die Shoah es eigentlich so prominent in die öffentliche deutsche Diskussion geschafft?"

Wirklich interessant ist die erstaunliche Parallelität in der ursprünglichen Verweigerung gegenüber der Shoah und dem Dritten Reich sowohl in der israelischen wie auch der deutschen Gesellschaft – genauso wie die Frage, auf welchem Weg sie in beiden Gesellschaften später ein so dominantes Gewicht erhielt.

So war es in den ersten Jahrzehnten der jungen Bundesrepublik Deutschland an den Schulen eher die Ausnahme, wenn vertieft oder überhaupt das Dritte Reich und erst recht die Vernichtung der europäischen Juden unterrichtet wurden. Einzelne engagierte Pädagogen hatten sich dem Thema verpflichtet. Wir hören aber immer wieder von Menschen, die bis zur Mitte der 70er Jahre die Schulbank drückten, daß bei ihnen besonders die Shoah eher außen vor geblieben war. Möglicherweise war der Hintergrund, daß viele Täter und Mitläufer aus dem Dritten Reich weiterhin im System – und entsprechend auch dem Schulsystem – ihren Platz gefunden hatten. Und neben einem allgemein geringen Interesse am Thema bestanden auch ganz prosaische Gründe: Es gab praktisch kaum Unterrichtsmaterial, abgesehen von eher drastischen Archivfilmen, welche die Alliierten unmittelbar zum Kriegsende hatten entstehen lassen. Und bei der monströsen Größe des Geschehens mag dann auch in den Versuchen, die Shoah dennoch irgendwie zu vermitteln, das Gesetz von Parkinson gewirkt haben: je größer die Zahlen, desto abstrakter und damit ferner das Geschehen.

Und neben einer vielleicht instinkthaften Zurückhaltung gegenüber einer Auseinandersetzung mit der Shoah im gesamtgesellschaftlichen Kontext gab es dann auch genügend andere und scheinbar wichtigere Themen: Zeitgleich mit dem wirtschaftlichen Wiederaufbau Westdeutschlands, dem Bedürfnis nach einem neuen Start und einem neuen politisch-moralischen Selbstbewußtsein sind hier sehr früh der dunkle Schatten eines Kalten Krieges und die besondere Stellung beider Deutschlands im Ost-West-Konflikt zu nennen. Gegenüber dieser Bedrohung und damit der schnellen Einbettung Westdeutschlands in die große Familie westlich orientierter Demokratien schien für die junge Bundesrepublik Deutschland wenig unmittelbare Notwendigkeit für eine Rückschau zu bestehen.

Ostdeutschland hingegen hatte sich als Deutsche Demokratische Republik im Kollektiv der sozialistischen Ostblock-Staaten und dem Narrativ der von Nazideutschland unterdrückten Länder eingerichtet, womit ebenfalls eine Rückschau oder Selbstanklage erstmal hinfällig geworden war.

Was für die Verdrängung der jüngeren und nicht einfachen Vergangenheit von Drittem Reich und Shoah in den beiden Deutschlands vielleicht auch eine Rolle gespielt haben könnte, war fehlende emotionale Kompetenz: Sich die Schuld am entstandenen politischen, wirtschaftlichen und besonders moralischen Fiasko als ‚selber schuld' einzugestehen, könnte in der Wirklichkeit, die durch den Krieg und die anschließende Neuordnung für das jetzt geteilte Deutschland entstanden war, einfach auch eine Überforderung gewesen sein, womit ein Neuanfang unter dem Schatten einer großen Lebenslüge fast nachvollziehbar erscheint.

Der einschneidende Wandel in der seinerzeitigen Bundesrepublik Deutschland zum Thema Shoah und Drittes Reich wurde Anfang 1979 mit dem Film *Holocaust* ausgelöst. Das immer wieder und vielleicht ja doch zu Unrecht geschmähte Hollywood hatte es in einer vierteiligen TV-Mini-Serie (1978) unternommen, das Schicksal der fiktiven Familie Weiß aus Berlin in der Zeit des Dritten Reiches zu erzählen. In vier Folgen von jeweils 90 Minuten wurde gezeigt, wie diese assimiliert-integrierte jüdische Familie aus der Mitte der kultiviert-bürgerlichen deutschen Gesellschaft vom Nazi-System und seinen Schergen zerschlagen und ermordet wird.

Die Straßen Westdeutschlands waren an den Ausstrahlungsabenden praktisch leergefegt, vergleichbar den autofreien Sonntagen wenige Jahre zuvor! Was über Jahrzehnte zu groß, zu abstrakt und wie auf einem anderen Planeten weit weg gewesen war – Hollywood gelang es, über das Einzelschicksal der Familie Weiß das Drama der Shoah in die Herzen der Menschen zu tragen! Und damit eigentlich zum ersten Mal eine echte, und dann auch sehr heftige Diskussion über die nationalsozialistische Vergangenheit loszutreten.

Die Ausstrahlung des Filmes hatte zwei unmittelbare Folgen für die westdeutsche Gesellschaft:

Die damalige Bundesrepublik öffnete sich für die eigene Vergangenheit, mit einem völlig neuen Interesse für das Dritte Reich und die Shoah! Ein Interesse, das bis heute nicht abgerissen ist – mit einer schier unendlichen Menge von Büchern und Filmen, Gedenkstätten, Stolpersteinen und öffentlichen Diskussionen zum Thema. In der Folge wurden Politikerinnen und Politiker neu in die Verantwortung genommen, Biographien durchleuchtet, über die ursprünglichen Wiedergutmachungszahlungen hinaus weitere Schadensersatzansprüche geregelt, für jüdische Menschen wie später auch andere Gruppen, die unter dem Nazi-Regime gelitten hatten. ‚Erinnerungskultur' wurde fester Bestandteil eines bundesdeutschen nationalen Ethos, in welches die Länder der ehemaligen Deutschen Demokratischen Republik nach der Wiedervereinigung dann auch nahtlos hineinverpflichtet wurden, obwohl sich bei ihnen über rund 50 Jahre ein völlig anderes Narrativ zur deutschen Nachkriegsverantwortung entwickelt hatte.

Eher problematisch dagegen waren der unmittelbare, wahrscheinlich auch wenig reflektierte Aufschrei und die Anklage der jüngeren Generation gegenüber ihren Eltern und Großeltern. ‚Wo seid Ihr damals gewesen?! Was habt Ihr damals gemacht?!' Die ältere Generation sollte sich jetzt verantworten, sollte aus dem Schweigen und Verschweigen heraus zum Sprechen gebracht, ja zum Sprechen gezwungen werden. Was für sich genommen keine schlechte Sache gewesen wäre. Traurig und dann sicherlich auch kontraproduktiv war einfach das ‚wie': Die Fragen der jungen Menschen an ihre Eltern und Großeltern wurden als Anklage gestellt. Dabei fehlte eine eigene Bescheidenheit, die Rückfrage an sich selbst: Wo hätten die jungen Ankläger gestanden, wenn das Schicksal sie nicht begünstigt und erst nach dem Krieg hätte geboren werden lassen?

Mit dieser Frage nach der eigenen Zivilcourage in schweren Zeiten wurde ich selbst auf recht prosaische Weise während meiner letzten Schuljahre konfrontiert, zeitnah zu der Ausstrahlung des Films *Holocaust*: Ich war in meiner Jungenschule als Sprecher der Unterdrückten unter den Klassenkameraden bekannt und bei den Lehrern gefürchtet. Um allerdings von einem Jahr auf das nächste zu überleben, brauchte ich in Mathematik regelmäßig einen Punkt, der mich vor wiederholtem Sitzenbleiben bewahren konnte. Und ich brauchte ihn geschenkt, zu mehr reichte es bei mir nicht. Irgendwann fiel mir auf: Wenn immer der Mathe-Lehrer, der natürlich schon von seinem Fach her ein schlechter Mensch war, mich selber oder einen Klassenkameraden unfair behandelte, blieb ich stumm. Wie peinlich! Wenn meine Zivilcourage schon wegen eines einzigen Punktes, der mich schlimmstenfalls ein weiteres Jahr meiner schulischen Karriere kosten konnte, außer Kraft zu setzen war, wer war ich, andere Menschen in ganz anderen Situationen zu verurteilen?

Bundeskanzler Helmut Kohl formulierte später den immer wieder umstrittenen Begriff von der ‚Gnade der späten Geburt'. Was immer damit von ihm selbst hatte gesagt werden wollen – viele der jungen Menschen, die ihren Eltern und Großeltern jetzt so kräftig in die Beine bissen, vergaßen dabei zu fragen, ob sie selber unter den Bedingungen des faschistischen Nazi-Deutschlands mutiger gewesen wären.

Mit solchen oft heftigen Anklagen und Vorwürfen konfrontiert, wurden die Menschen, die das Dritte Reich erlebt und überstanden hatten, nur noch tiefer in ein Schweigen hineingedrängt. Wo bei etwas mehr Bescheidenheit von Seiten der Jüngeren ein Dialog und Austausch hätte erwachsen können, wurden die Gräben zwischen den Generationen jetzt nur noch tiefer und unüberwindbarer ...

DER SPÄTEN GEBURT …
LEOPARD II UND GNADE
HOHEPRIESTER,

"Was denn nun —

Holocaust oder Shoah?"

Der Begriff der ‚Gnade der späten Geburt' wurde unmittelbar und dann auch später immer wieder kritisch in Frage gestellt, weil er sich so leicht mit einer oft populistisch geführten ‚Schlußstrich-Diskussion' verband. Bundeskanzler Helmut Kohl, der sich über die langen Jahre seiner politischen Aktivität zu einem der zuverlässigsten Freunde Israels entwickelt hatte, trat seinen Antrittsbesuch in Israel im Januar 1984 noch in der fast naiven Vorstellung an, als Vertreter der Nachkriegsgeneration und eines ‚neuen Deutschlands' ins Land zu kommen, einem Deutschland, das – natürlich mit einer immer wieder hervorgehobenen besonderen deutschen Verantwortung – glaubte, sich einen zunehmend unbefangeneren Umgang mit Israel erlauben zu können. In Verbindung mit Lieferungen von

Leopard II Panzern nach Saudi-Arabien stieß diese von deutscher Seite einseitig empfundene Normalisierung in Israel nicht auf ungeteilte Zustimmung.

Im Jahr 1990 hat Helmut Kohl seinen Satz dann noch einmal ausgedeutet: „*Die Gnade der späten Geburt ist nicht das moralische Verdienst meiner Generation, der Verstrickung in Schuld entgangen zu sein. Gnade meint hier nichts weiter als den Zufall des Geburtsdatums.*"

Auf jeden Fall können wir selber einfach nur tief dankbar sein für eine eigene ‚späte Geburt', dankbar dafür, daß uns die moralischen Dilemmata einer Existenz im Dritten Reich erspart worden sind!

Das Wort *Holocaust* entwickelte sich, nicht zuletzt auch über den genannten Film, zum allgemein anerkannten *terminus technicus*, zum internationalen Fachwort für die Vernichtung des europäischen Judentums. Im Grunde ist der Begriff allerdings fast obszön, bedeutet er doch übersetzt *Ganz-Brandopfer* und kommt damit aus dem kultischen Bereich. Im Tempel in Jerusalem wurden nur Teile des Opfertiers verbrannt, das meiste wurde unter den Priestern und die Opfernden verteilt und verzehrt. Nur in besonderen Fällen wurde ein Tier als ‚Ganzopfer' verbrannt. Sich die Nazi-Schergen als Hohepriester eines Opferkultes vorzustellen, ist dann eigentlich makaber.

Passender erscheint die hebräische Bezeichnung für die Katastrophe, die das europäische Judentum fast vollständig ausgelöscht hat: Shoah! Denn Shoah bedeutet genau das, nämlich ‚Katastrophe', womit eigentlich alles gesagt ist.

NACKTER
BETON

„Mehr wert als Söhne und Töchter?"

Oberhalb des *Warschauer Ghetto Platzes* liegt das ursprüngliche Museumsgebäude. Heute werden hier Sonderausstellungen gezeigt. Entlang seiner Außenwand sehen wir ein aus Beton gegossenes Spruchband mit hebräischen Buchstaben, ein Zitatfragment aus Jesaja 56,5: *„... ihnen gebe ich in meinem Haus und in meinen Mauern Denkmal und Namen. Das ist mehr wert als Söhne und Töchter: Einen ewigen Namen gebe ich einem jeden, der nicht ausgetilgt wird."*

„Denkmal und Namen", das ist das hebräische *Yad va Shem*. In wohl den meisten Kulturen besteht der Gedanke, daß eine Person nicht wirklich von uns gegangen ist, solange wir ihren Namen in unserer Erinnerung bewahren, was unmittelbar Kernanliegen dieser Gedenkstätte ist. Der Name ist damit Programm.

Die Buchstaben sind durchlöchert, wirken angefressen, denkbar als ein Hinweis auf die Brüchigkeit eines solchen Versprechens Gottes. Wo genau war der Gott, der eine solche Zusage macht?

THEOLOGIE NACH AUSCHWITZ

„Es gibt ja heute immer weniger wirklich fromme Menschen.

Aber was bedeutet die ganze Geschichte von Shoah und Auschwitz für Menschen, die immer noch an Gott glauben?"

Die *Gedenkhalle* können wir vielleicht als die gedankliche Mitte der Gesamtanlage Yad Vashems begreifen. Von außen gesehen ist sie ein quadratischer Bau, die obere Hälfte erscheint als massive Betonplatte, die untere Hälfte wie aufgetürmt aus großen, rohen Basaltsteinen – vielleicht in Anlehnung an einen antiken jüdischen Opferaltar, der als solcher nur aus unbehauenen Steinen errichtet werden durfte. Genauso vorstellbar ist die Assoziation einer brutalen Nazi-Maschinerie, welche die Individuen unter ihrem Gewicht erdrücken will...

Der innere Raum ist leer, nur auf dem Boden sind – stellvertretend für alle anderen – die Namen der bekanntesten Konzentrations-, Arbeits- und Vernichtungslager eingraviert. Es fällt schwer zu glauben, daß Dachau oder Sachsenhausen ‚nur' einfache Konzentrationslager und damit ‚bessere' Gefängnisse gewesen sein sollen, in die Regimefeinde verschiedenster Couleur weggesperrt wurden. Unbegreiflich ist auch der Gedanke an Theresienstadt als einem Propagandalager, das der Weltöffentlichkeit beweisen sollte, wie gut es jüdische Menschen in den Konzentrationslagern eigentlich hatten.

Mit dem Film *Schindlers Liste* im Kopf können wir uns nur in Zynismus flüchten bei der Vorstellung, daß es sich bei dem dargestellten Lager Plaszow mit seinen zahllosen willkürlich ermordeten, verhungerten, aus Entkräftung umgekommenen Menschen eigentlich ‚nur' um ein Arbeitslager gehandelt haben soll.

Und dann die Vernichtungslager: Sobibor, Treblinka, Belzec, Chelmno, Auschwitz-Buchenwald. Unter der ewigen Flamme, die in der *Gedenkhalle* lodert, ist Asche begraben, die aus Auschwitz gebracht wurde.

Im Inneren der *Gedenkhalle* wird deutlich, warum der Ort auf Hebräisch Gedenk*zelt* genannt wird: die Decke ist nicht flach, wie es von außen den Anschein hat, sondern als stilisiertes Zeltdach konstruiert. Die Symbolik ist unglaublich stark! Denn das Zelt symbolisiert in der jüdischen Kunst die Stiftshütte mit der Bundeslade und damit die Anwesenheit Gottes! Auch an diesem Ort, der das Drama der Shoah wortlos zusammenfaßt, die Anwesenheit Gottes vorzustellen – das ist atemberaubend!

Denn *Auschwitz* ist zu einem Code-Wort geworden. Der Name steht heute schon lange nicht mehr allein für das größte Vernichtungslager Nazi-Deutschlands, sondern für alles unfaßbare Leid, das in dieser Welt geschah und geschieht. Auschwitz hat jede Vorstellung von einem allmächtigen, dabei gütigen Schöpfergott grundsätzlich verändert. Was in Glaubensvorstellungen und der Theologie immer schon mehr oder weniger leise als Hinterfragung mitgeschwungen hatte – die Selbstverständlichkeit kirchlicher Verkündigung wie auch jüdischer Gottergebenheit – wurde durch Auschwitz endgültig erschüttert. Deswegen gibt es in der jüdischen Debatte und der christlichen Theologie nach 1945 eine *Theologie nach Auschwitz*.

Die zentrale Frage jeder Theologie von Anbeginn und bis heute ist die der sogenannten *Theodizee*, der Gerechtigkeit Gottes. Dabei wird Gott als grundsätzlich gut, allmächtig – und gerecht vorausgesetzt. Weswegen er dafür sorgt, daß es guten Menschen gut ergeht, während die schlechten für ihre Taten zur Rechenschaft gezogen werden. Was aber in der Erfahrung der Menschen immer schon nicht ganz aufgehen wollte und durch Auschwitz völlig und endgültig widerlegt scheint.

In der Hebräischen Bibel, dem Gründungsdokument für jüdische und christliche Theologie, herrscht der bestimmende Gedanke vor von einem unmittelbaren ‚Tun-Ergehen-Zusammenhang' zwischen unserem Handeln und wie es uns in dieser Welt ergeht: Einem anständigen Menschen, der Gottes Gebote befolgt, geht es daher gut. Entsprechend ist Leiden immer mit einer Schuld verbunden, muß es auch sein, sonst würde Gott uns nicht damit strafen. Und weil die Menschen in früheren Zeiten familien- und generationenübergreifend dachten, konnte durchaus eine Situation entstehen, in der es einem bösen Menschen trotz schlechter Taten dennoch gut erging, er dafür aber über seine Nachkommen bestraft wurde. Wenn König David sündigt, stirbt sein Sohn. Das Prinzip eines Zusammenhangs von Tun und Ergehen bleibt erhalten. Auf jeden Fall galt die Formel: selber schuld!

In der gleichen Hebräischen Bibel hören wir aber auch von Fragezeichen bezüglich der ‚Gerechtigkeit' Gottes: *„Siehe, das sind die Gottlosen; die sind glücklich in der Welt und werden reich."* (Psalm 73,12). Warum geht es den Guten oft schlecht, und warum dürfen sich böse Menschen immer wieder so ungestraft ihres Lebens freuen?

Die Konzeption des guten Lebens für die guten Menschen und der Strafe für die Bösen wird in den Büchern der Bibel spätestens bei Hiob, dann dem Prediger Salomo, dann bei einzelnen Prophetenbüchern zunehmend brüchig und in Frage gestellt. Das Modell überzeugte immer weniger. Und auch die Verschiebung von Belohnung oder Strafe auf spätere Generationen konnte keine echte Lösung sein – Schuld und Verdienst wollen persönlich gedacht werden! In dem Buch Hiob kommt es schon zu einem regelrechten Schlagabtausch zwischen den auftretenden Personen und dann auch mit Gott selbst – denn was ist das für ein Gott, der seinen getreuen Diener so dermaßen schlecht behandeln läßt? Und während das Buch Hiob noch keine wirkliche Lösung oder Antwort zu bieten scheint und Hiob sich ohnmächtig seinem für ihn unverständlichen, sogar willkürlichen Gott unterwirft, resigniert das nachfolgende Buch der Bibel, der Prediger Salomo, völlig. Es beschreibt jeden Versuch, das Geschehen in dieser Welt sinnhaft einordnen zu wollen, als ‚eitel', also einfach sinnlos. Fromme und Gottlose, gute wie böse Menschen teilen schlicht das gleiche Schicksal.

Wenn später in der Literatur zum Weltgericht und dem Ende der Tage, wie dann auch in der christlichen Verkündigung eine alles ausgleichende Gerechtigkeit im zukünftigen Reich Gottes gedacht wird, tröstet dieses Denken bei einer *Theologie nach Auschwitz* nicht wirklich – die Erfahrung von unverständlichem und unvorstellbarem Leid hier und jetzt in dieser Welt ist einfach zu groß!

Deswegen bewegt sich die Frage nach der Gerechtigkeit Gottes in einer *Theologie nach Auschwitz* heute zwischen zwei weit auseinanderliegenden, entgegengesetzten Polen: An dem einen Ende steht die Vorstellung von einem allmächtigen, einem omnipotenten Gott, einem Gott, der alles weiß, voraussieht und die Welt nach seinem Willen lenkt. Bei einer solchen Gottesvorstellung stellt sich unmittelbar die Frage, was das für ein Gott ist, der alles zum Guten richten könnte, dies aber nicht tut und die Menschen so schrecklich leiden läßt. Das Sterben eines unschuldigen Kindes in die göttliche Vorsehung einzuordnen erscheint fast unmöglich. Ein Iwan kann dann auch in Dostojewskis *Brüder Karamasow* formulieren, daß er einen Gott, der die grausame Tötung eines Kindes zuläßt, für sich nicht annehmen will, unabhängig von der Frage, ob es diesen Gott überhaupt gibt oder nicht.

Ein Ausweg aus dem Widerspruch zwischen Gottes Allmacht und dem Bösen in der Welt wird in der Vorstellung von einem Gott gesucht, der uns Menschen mit der Schöpfung gleichzeitig in die Freiheit entlassen hat und auf die verantwortliche Entscheidung des Menschen wartet. „*Alles ist vorhergesehen, doch die freie Wahl ist gegeben*", heißt es im Talmud. Und Freiheit bedeutet die Option, sich auch für das Böse entscheiden zu können. Nicht Gott wirft Kinder ins Feuer, sondern wir Menschen. Aber das Dilemma löst sich nicht auf: Wenn ein allmächtiger Gott den Menschen seine göttliche Freiheit geliehen (!) hat, wäre das eine Freiheit, die er jederzeit auch wieder an sich ziehen kann. Das wäre dann ein Gott, der zynisch die Menschen in seiner

Welt spielen läßt, um dabei furchtbare Dinge zuzulassen, die er elternhaft-verantwortlich verhindern könnte und müßte. Das führt uns zurück zu dem Protest von Iwan Karamasow...

Am anderen Ende der Achse steht die Vorstellung von einem machtlosen Gott, der vielleicht mit den Menschen leidet, der aber nicht in die Welt eingreifen und nichts für die Menschen tun kann. Einen solchen Gott beschreibt der Shoah-Überlebende Elie Wiesel unübertroffen in seinem autobiographischen Werk *Die Nacht*:

„‚Wo ist Gott, wo ist er?‘ fragte jemand hinter mir... Auf ein Zeichen des Lagerchefs kippten die Stühle um. Die beiden Erwachsenen lebten nicht mehr. Aber der dritte Strick hing nicht leblos, der leichte Knabe lebte noch. Mehr als eine halbe Stunde hing er so und kämpfte vor unseren Augen zwischen Leben und Sterben seinen Todeskampf. Hinter mir hörte ich denselben Mann fragen: ‚Wo ist Gott?‘ Und ich hörte eine Stimme in mir antworten: ‚Wo er ist? Dort hängt er, am Galgen...‘

Das wirft die Frage auf, wozu wir einen solchen Gott überhaupt brauchen und warum wir ihn verehren sollen.

Auf dieser Achse und zwischen diesen beiden Polen vollzieht sich heutige Theologie. Und jeder Theologe oder Laie wird sich mehr oder weniger alleine darüber verständigen, wo ‚sein‘ persönlicher Gott anzusiedeln ist...

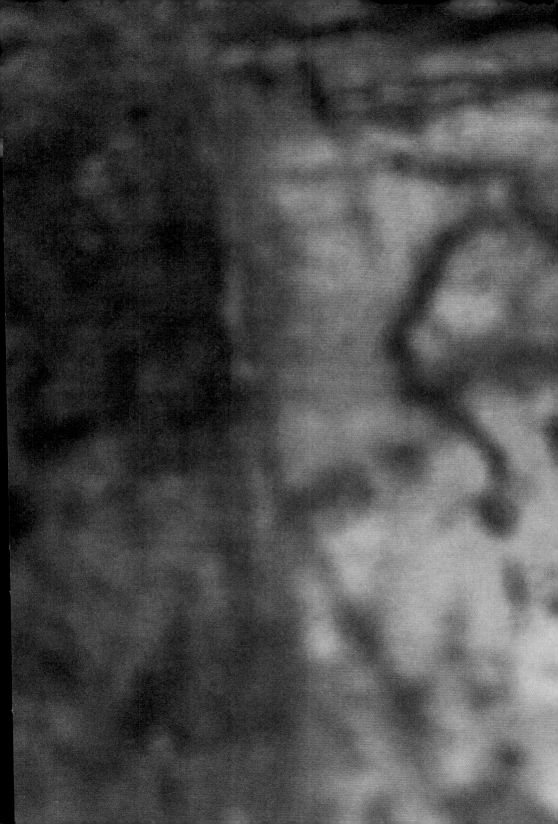

EINE ANTWORT VON UNTEN

„Wenn es eigentlich keine Rolle spielt, ob wir uns so oder anders verhalten, könnten wir doch eigentlich leben, wie wir wollen.

Und Sündigen macht einfach mehr Spaß, oder?!"

Der gleiche Hiob, der mit Gott hadert wegen seines so unfairen, schlimmen Schicksals, der in einer Art ‚göttlicher Komödie' und einer Wette zwischen Gott und dem Satan völlig unter die Räder gerät, stellt sich und uns im Grunde eine doppelte Frage. Die unmittelbare Frage ist die bekannte, nämlich warum es oft den Bösen viel zu gut und den Guten oft so schlecht geht. Eine lang tradierte, ‚klassische' Gottesvorstellung mit ihren überschaubaren Kategorien von Gerechtigkeit und Vergeltung, von Leistung und Vergütung scheinen mit der erlebten Wirklichkeit regelmäßig im Widerspruch zu stehen. Dieses Dilemma wird für uns nicht gelöst und kann vielleicht auch nicht aufgelöst werden.

Aus dem Buch Hiob hören wir allerdings auch eine zweite Frage, ob nämlich für die Einhaltung von göttlich-ethischen Normen überhaupt Veranlassung besteht: *„Sündigst Du, was kannst du ihm schaden? Und wenn du gerecht wärst, was kannst Du ihm geben, oder was wird er von deinen Händen nehmen?"* (Hiob 35, 5-7) Es gibt also nicht nur keine ausgleichende Gerechtigkeit, obendrein scheint es für Gott auch gar keine Rolle zu spielen, wie die Menschen ihr Leben leben – es nützt ihm nichts, es schadet ihm nichts...

Das geht ans Eingemachte gläubigen Selbstverständnisses! Keine erkennbare Gerechtigkeit Gottes und obendrein ist eh alles egal! Und wenn das so ist, warum sollen wir uns dann ein Bein ausreißen, sollen wir versuchen, anständige, ‚gute' Menschen zu sein? Lohnt sich das überhaupt? Haben Moral und Ethik, hat die biblische Gerechtigkeit dann noch irgendeinen Wert für unsere Lebensgestaltung?

Die Frage wird in zwei Passagen des Buches dabei auch von Hiob selbst beantwortet. Da ist einmal Eliphas, einer der drei herben Freunde des Hiob. Er erklärt:

„Der Frevler bebt in Ängsten all seine Tage, die Zahl der Jahre ist dem Tyrannen verborgen. Stimmen des Schreckens hört sein Ohr, und mitten im Frieden kommt der Verderber über ihn. Er glaubt nicht, daß er dem Dunkel entrinnen könne, und fürchtet immer das Schwert. Angst und Not schrecken ihn..." (Hiob 15, 20ff)

In ähnlichen Worten wird diese Beschreibung von Hiob weiter ausgeführt:

„...Das ist der Lohn eines gottlosen Menschen bei Gott und das Erbe der Tyrannen... Er baut sein Haus wie eine Spinne und wie

ein Wächter eine Hütte macht ... Es wird ihn Schrecken überfallen wie Wasserfluten, des Nachts nimmt ihn der Sturmwind fort." (Hiob 27, 13-20)

Es geht um die Angst, und zwar um die Angst als Folge unmoralischen, unsittlichen Handelns.

Die Frage nach der Theodizee, der ausgleichenden Gerechtigkeit Gottes, muß deswegen vielleicht anders gestellt werden, nämlich als eine Frage nach der Anständigkeit des Menschen! Allerdings zwingt das Buch Hiob uns dazu, ein traditionelles Verständnis von Gerechtigkeit mit unmittelbar greifbaren Kategorien von Belohnung und Strafe aufzugeben, nach denen sich Moral und Ethos in barer Münze von Wohl- oder Schlechtergehen auszahlen – um die gleiche Moral und Ethik jetzt als Voraussetzung für grundsätzlich menschliche Existenz neu einzuführen: Wir können uns als Menschen nur realisieren, wenn wir vertrauensvoll in Gemeinschaft leben. Allein sind wir ausgeliefert und können das Leben nicht bestehen. Und wenn wir unseren Mitmenschen nicht trauen können, ist unsere eigene Existenz durch Angst vergiftet. Wenn wir ‚sündigen' – was übersetzt nichts anderes bedeutet, als unsere Mitmenschen zu schädigen, nicht solidarisch zu sein, sie zu belügen, auszunutzen oder zu verraten – dann ‚strafen' sich diese Sünden selbst. Denn was wir unseren Nächsten zumuten, werden wir umgekehrt ihnen auch uns gegenüber zutrauen. Dadurch werden die Sünder sich selbst zum größten Feind. Sie verlieren sich als Teil der Gemeinschaft und liefern sich der Angst aus.

In einem kosmischen Kontext spielt es möglicherweise keine wirkliche Rolle, ob wir Hedonisten, Mörder oder soziale Menschen sind. Leben ist ein Axiom: Wir sind einfach da. Die wahrscheinlich eigentlich spannende, existentielle Frage ist daher, wie (!) wir leben wollen. Und hierbei spielt die Angst eine entscheidende Rolle – können wir dem Anderen vertrauen, uns hingeben, Gemeinschaft erfahren und darin aufgehen? Der Preis dafür ist Solidarität, Fairness, Anstand, ist der volle Einsatz in die zwischenmenschliche Gemeinschaftskasse. Die ‚Bösen' müssen sich schützen, sie können kein Vertrauen schenken, einfach weil sie es für andere und damit für sich selber zerstört haben. Wer Machtmißbrauch, Lüge und Gewalt, wer ‚Sünde' lebt, wird beherrscht von der Angst. *Scarface* mit Al Pacino, wer kennt sie nicht, die spannenden Gangsterfilme, wo sich reiche Drogenbarone in phantastischen Villen einmauern, mit schwerbewaffnetem Sicherheitspersonal vom Außentor bis in die Küchenecke? Angst!

Die Ungerechtigkeit und das Leid in dieser Welt werden in der verzweifelten Gottesfrage nicht aufgelöst. Was uns das Buch Hiob allerdings doch sagen kann: Es lohnt sich für uns, anständig zu sein, und zwar einfach, weil es sich so besser lebt! Und damit schließt sich dann auch ein theologischer Kreis: Der gleiche Gott, der sich in der Hebräischen Bibel der Frage nach seiner Gerechtigkeit entzieht, stiftet in der Wüste einen umfassenden Sozialkanon und erklärt gegenüber seinem Volk Israel den fairen, den ‚anständigen' Umgang mit den Mitmenschen zum wahren, zum allerhöchsten Gottesdienst.

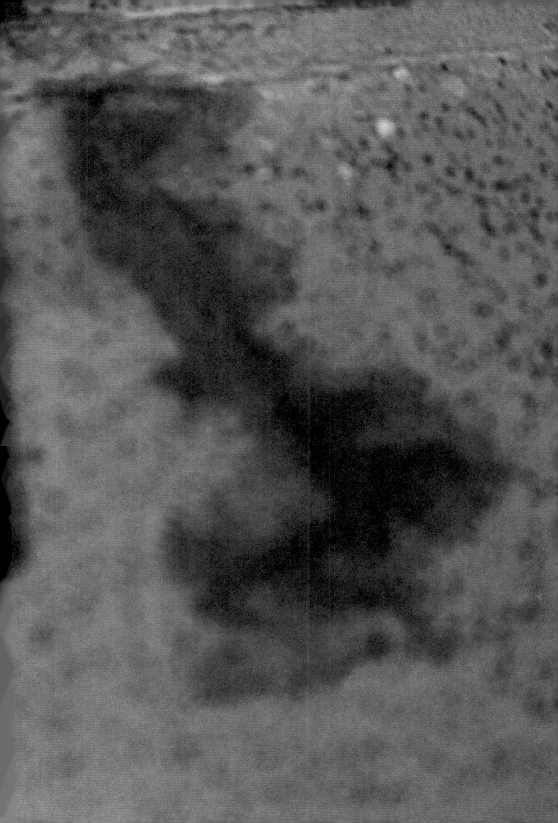

WENN NICHT GOTT — WER DANN?

„Das Nicht-Eingreifen Gottes, die Frage nach der Theodizee, wirft uns hinein. in eine existentielle Situation Aber so kann man doch nicht leben!"

Die Pest gilt als eines der Hauptwerke von Albert Camus und dem französischen Existentialismus. In der Stadt Oran an der algerischen Küste bricht die Pest aus. Die Hauptfigur des Werkes, ein Doktor Rieux, kämpft unermüdlich und gleichzeitig völlig erfolglos um das Leben der Menschen. Sein Einsatz hat keine Bedeutung gegenüber dem großen Sterben um ihn herum. Während sein Gegenspieler, Pater Peneloux, die Pest als Strafe Gottes für die Sündhaftigkeit der Menschen in der Stadt erklärt, beantwortet Doktor Rieux die Frage nach seinem aufopferungsvollen, im Grunde aber sinnlosen Engagement mit der Aussage: *„Um die Würde zu bewahren!"*. Das ist ein Schlüsselgedanke für unsere Lebenssituation: Ob wir die Welt retten oder ändern können, ist zweifelhaft. Was wir uns aber gegenüber einem feindseligen Schweigen Gottes erhalten können, ist unsere Würde, im Widerstand gegen eine als sinnlos erfahrene Welt.

Eine dann völlig überraschende, durch und durch existentialistische und doch mit einem religiösen Glauben verbundene Stimme zu der Theodizee und dem Schweigen Gottes kommt aus der jüdischen Mystik, der (lurianischen) *Kabbalah*: Sie fragt gar nicht nach der Gerechtigkeit Gottes, weil es überhaupt keine göttliche Allmacht gibt. Im Gegenteil, Gott ist zerbrochen! Um Raum für die Schöpfung zu machen, mußte ein ursprünglich allumfassender Gott sich ‚zusammenziehen', wobei es allerdings zu einem Unfall kam: Das göttliche Ganze zerbrach und seine ‚Bruchstücke' flossen in die Einzelaspekte der Schöpfung. Gott ist in allem, aber selber kein Ganzes mehr – eine Art theologischer ‚Urknall'.

Gegenüber der verzweifelten Frage nach der Theodizee, der Gerechtigkeit Gottes, ist die Welt nicht darum schlecht, weil Gott nicht eingreifen will, sondern – weil Gott gar nicht eingreifen kann! Damit wird das traditionelle Gottesverständnis auf den Kopf gestellt: Anstatt einen allmächtigen Herrscher im Himmel, der über uns und seine Schöpfung wacht, anzunehmen, versteht jüdische Mystik diesen Gott als bedürftig. Gott will in seiner Schöpfung geheilt, wieder ein Ganzes werden. Und dem Menschen fällt die göttergleiche Aufgabe zu, dies zu leisten.

Der Baal Shem Tov, der Begründer der chassidischen Bewegung, nimmt diesen kabbalistischen Gedanken auf und übersetzt ihn in der ersten Hälfte des 18. Jahrhunderts in die Wirklichkeit eines demoralisierten osteuropäischen Judentums: Nach unbeschreiblich grausamen Verfolgungen und Massenmorden durch die Horden des Kosakenführers Chmielnicki und einer gescheiterten messianischen Bewegung, die zahllosen Juden die Hoffnung auf die Erlösung im Lande Israel geschenkt, dann aber schnell wieder geraubt hatte, stand das osteuropäische Judentum vor einem religiösen und sozialen Scherbenhaufen.

Während klassische Kabbalah das elitäre Privileg von talmudisch gebildeten Rabbinen gewesen war, die über mystische Praktiken in die Wesenheit Gottes einzudringen, die göttlichen Funken aus den Schalen der materiellen Welt herauszuschlagen versuchten, nahm der Baal Shem Tov jetzt den einfachen Juden, den ‚Mann von der Straße' in die Pflicht, Gott zu erlösen. Durch Freude, durch Essen, Trinken, Tanzen, Singen – dem Leben zugewandt sein! Die Verantwortung für die Heilung Gottes, für das Heil dieser Welt, liegt bei uns – eine grandiose Antwort auf die Abwesenheit Gottes! Wenn sich aus den Gedanken des Baal Schem Tov innerhalb kürzester Zeit die größte Massenbewegung im Judentum, der Chassidismus entwickelte, mag das nicht verwundern.

Bei aller Unterschiedlichkeit fällt hier eine interessante Gemeinsamkeit mit dem protestantischen Pietismus auf: Die Übertragung von hierarchischer Verwaltung des Glaubens auf die Schultern des einzelnen Gläubigen. Auch Freude und eine unmittelbare, unvermittelte Begegnung mit Gott sind ursprüngliche Anliegen des Pietismus, wie auch die Verantwortung für die Schöpfung in der Fürsorge für den Mitmenschen. Ob es nur Zufall ist, daß der Baal Shem Tov (1698-1760) als Begründer des Chassidismus und Graf Nikolaus von Zinzendorf (1700-1760) als Reformator in der pietistischen Bewegung fast identische Lebensdaten aufweisen?

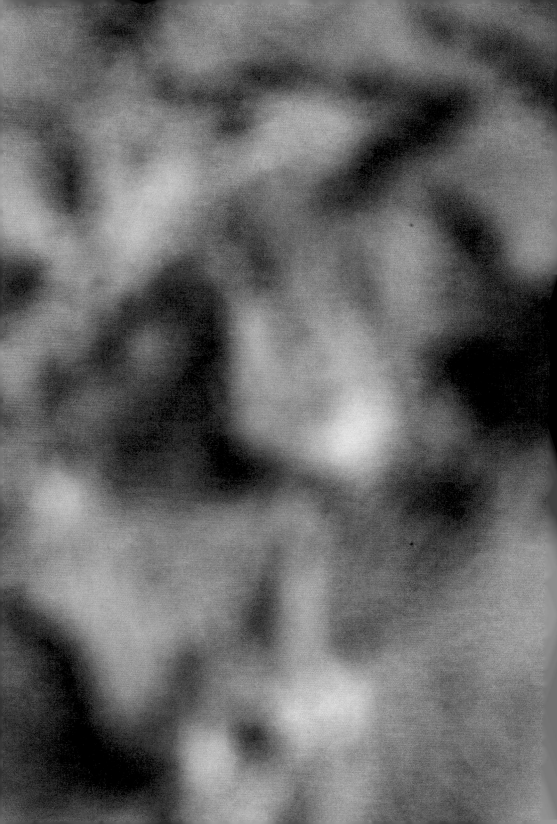

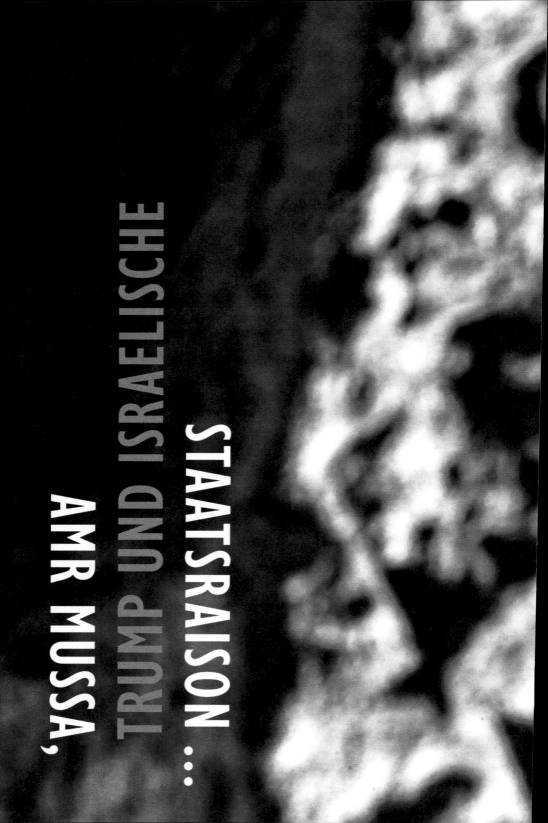

„Muß hier eigentlich jeder hin?"

Neben solchen Gedanken verbindet sich das Gedenkzelt auch mit einer kleinen politischen Pikanterie: Bis zum Jahre 1992 waren ein Besuch Yad Vashems und eine Kranzniederlegung im *Gedenkzelt* diplomatische Pflicht und Teil jedes offiziellen Besuchsprogramms. In diesem Jahr 1992 sollte der ägyptische Außenminister (und spätere Vorsitzende der Arabischen Liga) Amr Mussa nach Israel und Jerusalem kommen. Er hatte in den Vorverhandlungen zu dem Besuch sehr deutlich gemacht, auf keinen Fall Yad Vashem besuchen zu wollen, womit der Staat Israel vor einem Dilemma stand: Der Besuch von Amr Mussa war unbedingt gewollt, er stellte für Israel einen wichtigen außenpolitischen Erfolg dar. Gleichzeitig stand sein ‚Nein' zu Yad Vashem im Raum, weswegen der damalige israelische Außenminister Yossi Beilin festlegte, daß Besuche Yad Vashems zukünftig fakultativ seien, es also keine diplomatische Pflicht mehr war, eine Kranzniederlegung hier durchzuführen. Dennoch empfiehlt es sich für jeden offiziellen Besucher Israels, im Protokoll einen Besuch Yad Vashems anzufragen. Selbst ein Donald Trump war sensibel genug, während seines Kurzbesuchs im Mai 2017 in Jerusalem dafür einige wenige Minuten zu opfern, um seine israelischen Gastgeber nicht zu brüskieren.

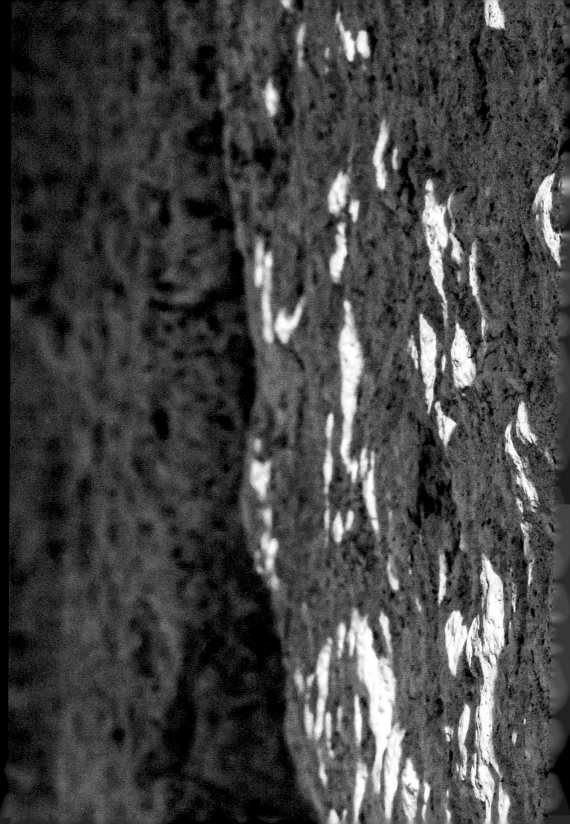

YAD VASHEM UND MASSADA — DIE GLEICHE MÜNZE

**„Die Israelis machen doch, was sie wollen!
Und kümmern sich
einen feuchten Kehricht,
was die Welt davon hält.**

**Und VN-Resolutionen
gelten wohl auch
nur für andere,
oder?"**

Das vielleicht größte Drama der Shoah liegt möglicherweise weniger in der unglaublichen Zahl ihrer Opfer – immerhin ein Drittel der jüdischen Weltbevölkerung vor Beginn des Zweiten Weltkrieges – als vielmehr in dem Untergang einer Konzeption, die jüdischen Menschen in der Diaspora ein Überleben trotz Verfolgungen durch die *Goyim*, die Nichtjuden, ermöglicht hatte!

Ein vielleicht entscheidendes Instrument für ein solches Überleben war es, das ökonomische Eigeninteresse der *Goyim* kalkulieren zu können. Dahinter stand die schwere Erfahrung, daß die Peiniger zwar immer wieder einzelne Juden ermorden, überwiegend aber die jüdischen Gemeinden als Kollektiv aus eben diesem Eigeninteresse am Leben lassen würden. Mit einem solchen Verständnis hatten Juden es schon seit den frühesten Pogromen und vor weit über 2000 Jahren verstanden, Verfolgung als Gesamtwesen zu überstehen.

Deswegen standen die Juden in Europa der Vernichtungsideologie Nazi-Deutschlands im Grunde auch völlig unvorbereitet und weitgehend hilflos gegenüber. Daß man Juden auspreßte, verfolgte, ermordete, damit hatte man über die langen Jahrhunderte als Gruppe zu überleben gelernt. Daß es aber einen totalen Vernichtungswillen geben könnte, der völlig gegen das offensichtliche eigene Interesse Nazi-Deutschlands lief, dafür gab es in den jüdischen Gemeinden Deutschlands und Europas einfach keine Denkvoraussetzungen. Deswegen spekulierten viele Juden darauf, daß der Nazi-Sturm sich wieder beruhigen, die schlimmen Zeiten auch so vorbeigehen würden, weswegen scheinbar keine letzte Notwendigkeit für Auswanderung oder Flucht zu bestehen schien. Als man diesen konzeptionellen Irrtum erkannte, war es für die meisten schon zu spät...

Im Dritten Reich waren die Interessen der Verfolger zum ersten Mal in der jüdischen Leidensgeschichte nicht mehr kalkulierbar: Wenn die deutschen Soldaten an der Ostfront erfroren, wenn Lebensmittel, Kleider und Munition fehlten, weil die Züge, die entsprechenden Nachschub hätten bringen können, eingesetzt wurden, um Juden in die Vernichtungslager zu transportieren, dann war das in jeder Hinsicht unsinnig und gegen das eigene Kriegsinteresse. Wer konnte sich so etwas vorstellen? Das vielleicht beste Beispiel für diesen Widersinn und die Hilflosigkeit der jüdischen Vorstellungswelt gegenüber dem nationalsozialistischen Vernichtungswillen war das *Ghetto Lodz*, das größte Arbeitslager Nazi-Deutschlands: Die Jüdinnen und Juden im Ghetto Lodz waren davon überzeugt, ihr Überleben durch ihren absolut wichtigen Beitrag für die deutsche Kriegsindustrie sichern zu können – sie nähten Kleider und dabei vor allem deutsche Wehrmachtsuniformen. Sie arbeiteten gegen die Uhr, in dem festen Glauben, daß das Weiterbestehen des Ghettos von ihrer Produktivität abhängig war. Der Judenrat des Ghettos unter Leitung von Chaim Rumkowski handelte dann auch völlig in der eingeübten Logik, wenn er der Forderung der SS nachkam und die ‚unproduktiven Kräfte', darunter auch die Kinder des Ghettos, den Nazis zur Ermordung übergeben wurden. Entscheidend für die Überlebensstrategie in der Diaspora war es, um jeden Preis das Überleben der Gruppe zu sichern. Das führte unmittelbar und besonders in der Nachbetrachtung zu großen Vorwürfen gegenüber Judenräten in den verschiedenen Ghettos: Durften wirklich einzelne Menschen geopfert werden, um das Überleben eines Ghettos zu ermöglichen?

Bis heute besteht eine heftige Diskussion über die Rolle und Funktion der Judenräte in den Ghettos, diesen unfreiwilligen Vermittlern zwischen Tätern und Opfern. Als Chaim Rumkowski erkennen mußte, daß er den Untergang seines Ghettos nicht aufhalten würde, beging er Suizid.

Trotz seiner unglaublichen Produktivität und für Nazi-Deutschland so kriegswichtigen Tätigkeit wurde das Ghetto Lodz im August 1944 als das letzte überlebende Ghetto ‚liquidiert', gegen jede Vernunft und jedes Eigeninteresse Nazi-Deutschlands. Der Film *Schindlers Liste* vermittelt eine recht gute Vorstellung davon, was für eine brutale Wirklichkeit hinter dem so euphemistischen Begriff einer ‚Liquidierung' stand.

Das Aufwachen nach 1945 war für Juden furchtbar! Alles, was bis dahin als Glaube an die Welt, Anstand und Sitte in irgendeiner Form noch gegolten haben mochte, die Vorstellung von sich selbst als Teil einer vielleicht komplizierten, aber eben doch einer Völkerfamilie, alles das war flächendeckend zerstört.

Für Juden teilte sich die nichtjüdische Welt, die *Goyim*, nach 1945 auf in zwei klar definierte Gruppen: in diejenigen, die Juden aktiv verfolgten und ermordeten, und diejenigen, die tatenlos dabei zuschauten. Wem konnten sie nach der Shoah jemals noch Vertrauen schenken? Die Welt beschrieb sich damit neu als ein grundsätzlich gefährlicher Ort, dem Juden allein und auf sich selbst gestellt ausgesetzt sind.

Dieser Vertrauensverlust gegenüber der Welt mußte nach der Shoah und dem Dritten Reich mit einem neuen Denken, von einer neuen Konzeption ausgefüllt bzw. ersetzt werden. Das ist die Stunde von Massada! Dieser Ort, der für den politischen Zionismus in Europa wie auch für die jüdischen Einwanderer nach Palästina schon Jahrzehnte vorher zu einem Symbol für jüdische Wehrhaftigkeit geworden war, beschreibt für den jungen Staat Israel seinen jetzt ganz eigenen Zugang gegenüber der Welt. „*Massada soll niemals mehr fallen*", heißt es in dem für diesen Satz bekanntgewordenen Gedicht von Yitzchak Lamdan aus dem Jahr 1927. Massada wird zum Symbol für eine nicht formulierte Abschreckungsdoktrin des Staates Israel.

Dabei ist die erzählte Geschichte von Massada und dem kollektiven Selbstmord der jüdischen Verteidiger gegenüber der römischen Übermacht eigentlich gar keine schöne Geschichte. Die Menschen von Massada waren radikale Fanatiker, die das lange erwartete Eingreifen Gottes in die Menschheitsgeschichte mit einem Aufstand gegen Rom hatten herbeizwingen wollen, um dabei skrupellos auch ihre eigenen Leute umzubringen. Der Untergang und die Zerstörung Jerusalems sowie des heiligen Tempels im Jahre 70 n. Chr. G. sind von ihnen mit zu verantworten.

Auch der von dem Historiker Josephus Flavius dramatisch überlieferte kollektive Selbstmord ist kaum zu rechtfertigen, denn kein Römer hätte von den Verteidigern Massadas ein Abschwören von ihrem Glauben gefordert, der nach jüdischem Selbstverständnis vielleicht einzigen Rechtfertigung, sich selbst das Leben nehmen zu dürfen. Interessanterweise wird Massada im Talmud auch nicht erwähnt, im Gegensatz zu dem jüdischen Krieg gegen Rom und dem Untergang Jerusalems. Wir können spekulieren, daß dieser völlig sinnlose und nicht zu legitimierende kollektive Selbstmord von den Verfassern des Talmuds lieber ausgeblendet wurde …

Massada wird für den jungen Staat Israel zur zweiten Seite der vielzitierten gleichen Münze: Wenn auf der einen Seite Yad Vashem eine weit über 2000jährige Verfolgungsgeschichte mit dem großen Sterben im Dritten Reich bilanziert, stiftet der Mythos von Massada jetzt das Bild für ein neues Denken an die Zukunft, verbunden mit dem Verständnis, daß nur das jüdische Volk selber, vertreten durch den Staat Israel, die Sicherheit und das zukünftige Überleben von jüdischen Menschen auf diese Welt sicherstellen kann. Mit der Bereitschaft, dafür zu kämpfen bis zum Ende, und dabei den Preis auch gegenüber einem überlegenen Feind hoch zu hängen, so hoch, daß ein solcher es sich überlegen muß, ob er den Preis zu zahlen bereit ist. ‚Massada soll niemals mehr fallen!' wird zum Kampfruf des jungen Staates Israel nach dem Fiasko des Dritten Reiches.

‚Massada soll niemals mehr fallen' wurde dann auch die Doktrin, die das weitere militärische und außenpolitische Handeln Israels zentral bestimmte – und weiterhin bestimmt! Sie erklärt vielleicht auch die häufig als schwer nachvollziehbar empfundene israelische Sicherheitspolitik: Nach Auschwitz regelt Israel seine Sicherheitsbedürfnisse selber! Wenn Anfang der

80er Jahre des letzten Jahrhunderts der Atomreaktor Osirak bei Bagdad unmittelbar davorstand, in Betrieb zu gehen, zögerte der seinerzeitige israelische Ministerpräsident Menachem Begin keinen Augenblick, dessen Zerstörung anzuordnen. Israel wollte keinen Atomreaktor in den Händen eines feindlichen Irak. Israelische Jagdbomber erreichten den Zielort und legten ihn in Schutt und Asche.

Eine Einschätzung oder Bewertung eines solchen militär-politischen Handelns darf hier offenbleiben. Das Verständnis von Yad Vashem und Massada als die beiden Seiten der gleichen Münze machen es erklärbar.

„Die Schule unserer Tochter
hat einen Austausch mit Israel.
Wir hatten jetzt
wieder ein paar junge Israelis
bei uns, total nett.
Aber mal ehrlich,
deren Begeisterung für Militär
und Armee
ist schon sehr
speziell ..."

Ein Verständnis für die Zusammengehörigkeit von Yad Vashem und Massada ist dann vielleicht auch ein möglicher Schlüssel, um ein immer wieder tiefes Nichtverstehen zwischen Israelis und Deutschen zu erklären, das von deutscher Seite besonders in der Auseinandersetzung mit der israelischen Militär- und Besatzungspolitik zum Ausdruck kommt.

Die Bundesrepublik Deutschland war unmittelbar nach ihrer Gründung und nach dem moralischen Fiasko des Dritten Reiches und dem Zweiten Weltkrieg nicht nur in die volle Rechtsnachfolge für das untergegangene Dritte Reich eingetreten, sondern sie hatte gleichzeitig auch eine einzigartige historische

Entscheidung getroffen, die bundesdeutsche Außenpolitik und Ethik bis heute grundsätzlich bestimmt: Nie wieder! Nie wieder Täter werden zu wollen, nie wieder als Aggressor in der Weltgeschichte aufzutreten, das war und ist bis heute tatsächlich einmalig. Wir kennen kein anderes Volk in der Weltgeschichte, das in dieser Weise Verantwortung für die unglücklichen Kapitel in seiner Geschichte übernommen und eine solche Verantwortung dann auch in ein nationales Selbstverständnis übersetzt hat.

So waren etwa die Proteste zu der deutschen Wiederbewaffnung in den 50er Jahren des letzten Jahrhunderts ein klarer Ausdruck für dieses Bekenntnis auch innerhalb der bundesdeutschen Bevölkerung. Die Kirchen, die sich für die Wiederbewaffnung ausgesprochen hatten, verloren tausende Mitglieder – die ersten großen Kirchenaustritte Nachkriegsdeutschlands! Und wenn später, im ersten Golfkrieg 1990/91, breite Kreise in Deutschland auf die Straße zogen und mit dem Slogan ‚Kein Blut für Öl' demonstrierten, dann war das, unabhängig von jeder Bewertung einer solchen Haltung, ebenfalls Ausdruck dieser Selbstverpflichtung – Nie wieder! Das Dilemma bundesdeutscher Auslandseinsätze im Rahmen eines europäischen Bündnisses ist in seiner Fragestellung zwar politisch, nicht aber in der deutschen Öffentlichkeit gelöst. Nie wieder Täter!

Auch der junge Staat Israel sagte *Nie wieder!* Nach dem unbeschreiblichen Blutzoll und der Vernichtung von einem Drittel der jüdischen Weltbevölkerung durch das Dritte Reich und seine Helfer, durch die existentielle Bedrohung des jungen Staates seitens verschiedener arabischer Nachbarn, ergab sich allerdings eine völlig andere Maxime, nämlich *Nie wieder Opfer!*

Wenn jetzt junge Deutsche mit jungen Israelis zu einer politischen Diskussion zusammentreffen, haben sie es erst einmal nicht leicht miteinander. Das selbstverständliche Bekenntnis der Israelis zum Militär und der Anwendung militärischer Stärke, zu einer weitgehend als alternativlos begriffenen Besatzungspolitik wie auch die skeptische Haltung vieler Israelis gegenüber Palästinensern sowie der arabischen Welt allgemein ist für Menschen, die in einem befriedeten Europa mit dem Motto *Nie wieder Täter* aufgewachsen sind, schwer zu verdauen.

Aber auch die jungen Israelis haben in der Begegnung mit jungen Deutschen zu schlucken. Sie können unmittelbar überhaupt nicht nachvollziehen, woher die scheinbar naive Friedfertigkeit ihrer deutschen Freunde sich ableitet. Junge Israelis sehen in einem Motto wie etwa *Frieden schaffen ohne Waffen* einen Pazifismus, den sich Menschen nur in der überwiegend friedlichen Wirklichkeit eines Europas nach 1945 leisten können. Wobei ein solches Verständnis von einem sicheren Europa über die letzten Jahre doch auch beginnt, brüchig zu werden ...

Sicherlich spielen die unterschiedlichen Erfahrungen und ein unterschiedliches Vertrauen in die Durchsetzbarkeit von internationalem Recht eine wichtige Rolle. Die oft gegensätzlichen Weltbilder Israels und Deutschlands sind einfach dem jeweiligen Umfeld geschuldet, in dem sie sich befinden. Die langjährige Sicherheit und Stabilität eines NATO-Bündnisses und das Entstehen und Wachsen einer großen europäischen Gemeinschaft haben die Vorstellung einer militärischen Auseinandersetzung zwischen seinen Mitgliedsstaaten praktisch undenkbar gemacht. Diese Einbettung Deutschlands in ein europäisches und internationales Sicherheitsnetz im Rahmen einer in der Welt angesehenen Demokratie bestätigen die deutsche Haltung eines *Nie wieder Täter*. Für eine andere Sicht der Welt scheint auch keine wirkliche Veranlassung zu bestehen.

In Israel sieht man dafür eher die Brüchigkeit internationaler Friedensgarantien: VN-Soldaten konnten den Massenmord in Srebrenica genauso wenig verhindern wie Resolutionen den Genozid in Ruanda oder Darfur. Auch die eigenen Erfahrungen mit VN-Garantien sind eher schlecht.

Gleichzeitig scheint sich die kämpferische Doktrin des *Nie wieder Opfer* bewährt zu haben: ‚Against all odds' ist es Israel gelungen, im Nahen Osten als angefeindeter Staat zu (über)leben und sich wirtschaftlich und politisch gut zu etablieren.

Nie wieder Täter und *Nie wieder Opfer* – Diese zwei sich diametral gegenüberstehenden Doktrinen scheinen sich gegenseitig auszuschließen. Sie werden allerdings im Rahmen ihres jeweiligen Kontextes und aus ihren Umständen heraus offenbar als sinnhaft erfahren. Und – sie führen eben regelmäßig zu Mißverständnissen zwischen Israelis und Deutschen.

KRIEG IM
NAMEN GOTTES

„Kriege gehören zum Leben. Und klar, da passieren oft schreckliche Dinge."

Der vielleicht eindrucksvollste, wenn nicht gar der überwältigendste Ort in Yad Vashem ist die *Kindergedächnisstätte*. Um sich ihm anzunähern, wollen wir vorher die vielleicht seltsame, vielleicht scheinbar zynische Frage stellen, warum es eigentlich Kriege gibt und was dann einen ‚guten' Krieg ausmacht? Und die Antwort ist ganz einfach: Es muß sich lohnen! In einem ‚guten', sich ‚lohnenden' Krieg werden möglichst viele Männer erschlagen, während Frauen, Kinder, Güter und Herden in den Besitz des Siegers überwechseln. Krieg ist ein lohnendes Geschäft. Die häufige Gewalt an Frauen war oft Machtdemonstration und konnte auch eine politische Komponente haben – wenn etwa der aufständische Absalom öffentlich zu den Frauen seines Vaters David eingeht, zeigt er damit vor allem Volk, daß er der neue Herrscher ist (2. Samuel 16, 21-22).

Wir kennen auch die politisch-religiöse Vergewaltigung, wenn Kultstätten des Verlierers oder des Schwächeren einfach umfunktioniert oder mit dem Heiligtum eines Gottes der Sieger überbaut werden. Aus Synagogen werden Kirchen, aus Kirchen Moscheen, aus Moscheen Hinduschreine ...

Kriege gehören zum Leben. Und auch die hebräische Bibel ist voll von Beschreibungen kriegerischer Auseinandersetzungen und Eroberungskriegen. Bemerkenswert gegenüber dergleichen ‚lohnenden' Kriegen ist allerdings der sogenannte ‚Gotteskrieg', wie er im Josua-Buch (6,17) und im ersten Buch Samuel (15,3) beschrieben wird: Keine Beute – alles muß verbrannt und vernichtet oder aber Gott übergeben werden! Was dann auf den ersten Blick unbeschreiblich grausam, ja einfach schrecklich klingt, stellt sich beim zweiten Hinsehen als sehr sinnhaft heraus: Wer im Namen Gottes einen Krieg führt, darf davon nicht profitieren! Deswegen überliefert uns die Hebräische Bibel zwar zahllose Konflikte, aber keine weiteren Gotteskriege.

Daß sich die monotheistischen Nachfolgereligionen nicht unbedingt an diese Vorgabe gehalten, immer wieder blutige und im allgemeinen recht gewinnträchtige Kriege geführt haben, ändert nichts an dem Grundgedanken: Wir sollen den Namen des Herrn nicht mißbrauchen!

Während aber durch die Geschichte hindurch und wohl bis in die ferne Zukunft hinein Kriege geführt wurden und werden, bestand gleichzeitig immer ein grundsätzliches Tabu: Hände weg von Kindern! Fast wie ein literarisches Versatzstück gilt es als Beschreibung für einen besonders grausamen Krieg, einen Krieg, der alle Grenzen menschlichen Anstandes überschreitet, wenn ‚Kinder und schwangere Frauen' ermordet werden. Denn Kinder sind tabu. Sie symbolisieren die Unschuld, die nicht angerührt werden darf. Und schwangere Frauen sind die Träger dieser Unschuld – und damit ebenfalls tabu!

Vor dieser Folie eines großen Tabus wird die Unfaßbarkeit des Massenmordes am jüdischen Volk vielleicht am sinnfälligsten – 1,5 Millionen Kinder, die in der Shoah umgebracht wurden! Was ist das überhaupt für eine Zahl? Und wie läßt sich eine solche Monstrosität erinnern und darstellen? Der offenbar einzige Weg ist die Abstraktion. Und das ist an diesem Gedenkort auf besondere Weise umgesetzt worden: Auf der Anhöhe über der Kindergedächtnisstätte sind Reihen von rechtwinkligen Kalksteinstelen aufgepflanzt, über dem Eingang selbst nackte Eisenstäbe, wie die Stelen auch diese unterschiedlich hoch. Beides symbolisiert Leben, das vorzeitig, unvollendet abgebrochen wurde ...

Im inneren Teil zwei dunkel gehaltene Räume. Im ersten Raum sehen wir Kindergesichter aus unterschiedlichen jüdischen Lebenswelten. Der zweite Raum überwältigt – 1,5 Millionen Gedenkkerzen erwarten uns! Wir könnten auch mehr zählen, die Lichter führen ins Unendliche. Mit nur fünf Kerzen nimmt uns eine besondere Spiegeltechnik hinein in ein Universum verlorenen Lebens. Zwei Stimmen verlesen monoton die Namen von ermordeten Kindern, in Englisch, Jiddisch und Hebräisch. Jedes einzelne Licht steht für ein Kind, das aus den Händen seiner Eltern gerissen wurde. Können wir die Hilflosigkeit der verzweifelten Eltern an uns herankommen lassen, die ihre Kinder nicht mehr schützen und beschützen konnten?

Was mag in den Köpfen derer abgelaufen sein, die an diesem Kindermorden beteiligt waren ...? Die *Kindergedächtnisstätte* überhöht grandios ihren unmittelbaren Anlaß: Die Erinnerung an die ermordeten Kinder wird für den Besucher zu der grundsätzlichen Frage nach dem Elend auf dieser Welt, nach dem Leben in seiner Brüchigkeit. Es ist eine existentielle Konfrontation mit dem Leid überhaupt.

VON WARSCHAU NACH SUMMERHILL

„Kleine Steinchen auf Korczak ..."

Hinter dem Ausgang der *Kindergedächnisstätte* wird das Thema Kinder erneut aufgenommen – mit der Skulptur des jüdischen Arztes, Kinderbuchautors, Pädagogen und Waisenhausdirektors Janusz Korczak, der eine Gruppe von Kindern und Jugendlichen umfaßt. Korczak war für seine pädagogische Arbeit international bekannt und hatte auch unter den Nazis seine Bewunderer. Die Möglichkeit, nach der angeordneten Auflösung seiner zwei jüdischen Waisenhäuser in Warschau ins Ausland fliehen zu dürfen, hat Korczak abgelehnt – und nach Augenzeugenberichten soll er 1942 mit ‚seinen Kindern' fest untergehakt singend in die Gaskammern eingezogen sein.

Die seinerzeit hochmoderne Pädagogik von Korczak steht im Kontext einer reformpädagogischen Bewegung um die Wende vom 19. zum 20. Jahrhundert. Fast zeitgleich entstehen eine ganze Reihe von reformpädagogischen Einrichtungen, darunter die demokratische

Summerhill-Schule von A. S. Neill in England und die zwei Waisenhäuser von Janusz Korczak in Warschau. Sie nahmen eine Pädagogik vorweg, die sich international erst Jahrzehnte später durchsetzen konnte und heute fast selbstverständlich ist, seinerzeit aber revolutionär war und ein Gegenstück zu dem darstellte, was wir heute als ‚schwarze' Erziehung beschreiben, also einer Erziehung, die auf Disziplinierung und Sanktionierung basiert.

Diese noch sehr junge Reformpädagogik ging davon aus, daß Kinder nicht erst durch (strenge) Erziehung anständige Menschen werden, sondern es von Anfang an sind! Und sie nicht nur Liebe und ehrliches Interesse seitens ihrer Eltern für eine gesunde Entwicklung brauchen, sondern auch früh in die Verantwortung für ihr Aufwachsen hineingenommen werden können. Deswegen gab es in den Waisenhäusern, die Korczak aufgebaut hatte und leitete, tatsächlich eigene Kinder- und Jugendparlamente. Strukturen, vereinbarte Regeln und Grenzen waren integraler Bestandteil der Pädagogik von Korczak, während Summerhill sich in späteren Jahren immer weiter hin zu einer ‚anti-autoritäre' Erziehung entwickelte – mit zum Teil nicht unproblematischen Folgen.

Boys Town in Nebraska ist ein besonderes und bis heute bestehendes Beispiel für den Geist von Korczak und seiner Zeitgenossen. Wunderbar verfilmt 1938 mit Spencer Tracey als dem legendären Father Edward Flanagan, dem Begründer von *Boys Town*. Ob Korczak noch die Gelegenheit geschenkt war, seine eigene pädagogische Arbeit im Spiegel dieses unglaublich bewegenden Filmes zu sehen?

Ach ja, und die Steinchen auf der Plastik!

Jüdische und in der Folge viele christliche Traditionen leiten sich her von dem biblischen Exodusbericht. Passah-, Wochen- und Laubhüttenfest, als Ostern, Pfingsten und Erntedank im christlichen Festkanon verankert, erinnern den Auszug aus Ägypten und die langjährige Wanderung der Israeliten durch die Sinaiwüste. Einer Felsenwüste, wo Verstorbene nicht unter die Erde gebracht, sondern die Körper der Toten mit Steinen bedeckt wurden – je mehr Steine, desto sicherer war der Tote vor dem Zugriff von wilden Tieren. Deswegen werden bis heute auf jüdische Gräber symbolhaft kleine Steinchen gelegt. In der bewegenden Abschlußszene des Films *Schindlers Liste* kommen die „Schindlerjuden', Überlebende und ihre Nachfahren, zum katholischen Friedhof auf dem Zionsberg in Jerusalem, um dort ihre Steine auf dem Grab von Oskar Schindler abzulegen.

Die Plastik von Janusz Korczak mit ‚seinen' Kindern ist nicht sein Grab, aber stellvertretend für ein solches wird die Vorstellung von einem Grab auf den Ort symbolisch übertragen...

GÖTTERPANTHEONE, FÜNFTE KOLONNE UND RÖMER 13

„Wenn wir hier so gehen, wird schon deutlich, daß die Juden schwer gelitten haben. Aber mal ganz ehrlich — wenn man so in die Geschichte zurückblickt, muß doch irgendwas auch an den Juden selbst sein, das erklärt, warum sie immer wieder verfolgt wurden."

Eines schönen Tages stellte ein Besucher auf dem gemeinsamen Weg durch die Anlage Yad Vashems die mutige Überlegung in den Raum, ob es nicht denkbar sei, daß das jüdische Volk, daß Juden vielleicht auch selber einen Anteil daran haben könnten, immer wieder verfolgt worden zu sein, bis heute immer wieder ausgegrenzt zu werden ...

Schock und Atemstillstand! Die Provokation hätte für das Bier danach oder eine lockere Stammtischrunde gepaßt, aber nicht an diesen Ort! Oder gerade doch?

So deplaziert eine solche Überlegung unmittelbar erscheint – aber ist sie wirklich nur abwegig? Natürlich erinnert die Frage nach einem eigenen Anteil von Juden an ihrer Verfolgungsgeschichte an das Vergewaltigungsopfer, das sich vor Gericht vom Anwalt des Täters fragen lassen muß, ob es nicht dünn bekleidet durch die falsche dunkle Gasse gelaufen sei. Der juristische Kniff, das Opfer mitverantwortlich für die erlittene Gewalt zu machen. Die Rechtslage ist heute zum Glück eindeutig – keine Selbstverschuldung bei Vergewaltigung.

Weswegen es keine Rolle spielt, ob sich das jüdische Volk in seiner Geschichte so oder anders verhalten hat – keine mildernden Umstände für Pogrome und Völkermord!

Vielleicht kann die Frage aber auch anders gestellt werden: Warum glaubten so viele Menschen über so lange geschichtliche Epochen hinweg, glauben auch heute, Juden verfolgen zu dürfen? Wie können wir erklären, daß Ressentiments gegen Juden immer wieder erneut als Begründung für unterschiedliche, zum Teil völlig konträre Verschwörungstheorien bis hin zu dem irrationalen Angstrausch moderner ‚White Supremacists' wirksam eingesetzt werden – und offenbar ohne jedes Unrechtsbewußtsein?

Die Literatur zum Thema Antisemitismus und Judenfeindschaft füllt die Bibliotheken. Zahllose Forschungen setzen sich damit auseinander. Und am Ende bleibt doch die Frage: Woher kommt uns das? Was könnten vielleicht die ursprünglichen Gründe, die vielleicht allertiefsten Wurzeln sein für das, was wir als Antisemitismus beschreiben?

Die Herkunft des Antisemitismus wird gerne in der schwierigen Beziehung zwischen Kirche und Judentum gesucht. Daß dabei das Wort *Jude* klangverwandt ist mit dem Namen des Judas als dem ‚Verräter' Jesu, ist natürlich ein ungünstiger Zufall. Sehr nachhaltig prägend für die westliche Bilderwelt wurden dann auch die Evangelienberichte, in denen die Verantwortung für die Hinrichtung Jesu durch die Römer auf das ganze jüdische Volk verlagert wurde.

Allerdings läßt sich eine Feindschaft gegenüber Juden und dem jüdischen Glauben bis lange vor die Zeit des Christentums und der Kirchenentstehung zurückverfolgen. Die Wurzeln des Antisemitismus liegen wahrscheinlich – im Monotheismus!

Auf der politischen Ebene begründete der Monotheismus einen kaum zu überwindenden Gegensatz von Thron und Altar: Wer hat die letzte Autorität – Gott und seine Vertretung auf Erden oder der Staat und seine Institutionen? Schon die hebräische Bibel beschreibt diesen Antagonismus sehr anschaulich und ausführlich: Von der gegen den Willen des Propheten Samuel durchgesetzten Einrichtung des Königtums an und über die weiteren Bücher der Bibel hinweg stehen sich Theokratie und Monarchie, der ethische Anspruch der Propheten und die Realpolitik der Könige, immer wieder feindlich gegenüber. Dieser Widerspruch wird später von dem Soziologen Max Weber als der Konflikt zwischen einer (kompromißlosen) Gesinnungsethik und einer (pragmatisch orientierten) Verantwortungsethik in Bezug auf den politischen Alltag beschrieben. Es ist ein Gegensatz, der uns seit der Antike, über den Investiturstreit zwischen Kaiser und Papst im Mittelalter und im Grunde bis heute begleitet.

Entsprechend stellte der jüdische Monotheismus für die antike Welt ein nur schwer zu überbrückendes politisches Problem dar. Was das bedeutet, wird in zwei der ältesten Zeugnisse für

Antisemitismus beschrieben, und zwar ausgerechnet in der hebräischen Bibel selbst! Im vierten Buch Moses Kapitel 23 beauftragt der König von Moab den Seher Bileam, die Israeliten, die in sein Reich eingedrungen waren, rituell zu verfluchen, in der Hoffnung, sie dann auch militärisch überwinden zu können. Abgesehen davon, daß dieses Anliegen für den König von Moab nach hinten losgeht und Bileam das Volk Israel segnet statt es zu verfluchen, findet sich in dem Orakelspruch des Sehers folgende Beschreibung der Israeliten „*Dort, ein Volk, es wohnt für sich, es zählt sich nicht zu den Völkern.*" (Numeri 23,9)

Es zählt sich nicht zu den Völkern – die Israeliten sind offenbar anders als die anderen.

Noch eindringlicher formuliert wird dieses Anderssein von Juden in dem Buch Esther. Hier versucht der Staatskanzleichef des persischen Königs Artaxerxes, diesem die Problematik von Juden in seinem Reich zu verdeutlichen: „*Es gibt ein Volk, das über alle Provinzen deines Reiches verstreut lebt, aber sich von den anderen Völkern absondert. Seine Gesetze sind von denen aller anderen Völker verschieden.*" (Esther 3, 8) In dieser kleinen Passage finden sich wichtige Elemente späterer Vorwürfe an Juden – der Absonderung, die eigenen Gesetze, bis hin zu dem implizierten Verdacht der ‚fünften Kolonne'.

Eine solche Unterschiedenheit gegenüber anderen Völkern und Religionsgemeinschaften, mit einem eigenen religiösen und sozialen Kanon, wurde als Verweigerung von Integration in einem multireligiösen staatlichen Kontext interpretiert und mußte staatsfeindlich und bedrohlich wirken. Weswegen Anfang des 2. Jahrhunderts v.Chr.G. ein Antiochos Epiphanes IV. jüdische Religionspraxis verbietet und verfolgen läßt – der jüdische Monotheismus, der das Gebot Gottes über jede menschliche Herrschaft und Autorität stellte, schien sich nicht in eine gemeinsame politische Front gegen das nach Osten expandierende Römische Reich einzubinden zu lassen und bedrohte damit unmittelbar die militärische Widerstandsfähigkeit des seleukidischen Reiches. Der Beginn der Makkabäer-Bücher reflektiert diesen militärpolitischen Hintergrund.

Das jüdische Volk wurde sehr früh als politisch unkalkulierbar und damit verdächtig begriffen: Wem würde es folgen bei einem Konflikt zwischen den Ansprüchen Gottes und unmittelbarer Staatsraison? Die Aufstände gegen das Seleukidenreich, später mehrfach gegen Rom, gaben offenbar eindeutige Antworten.

Juden hatten allerdings schon recht früh begriffen, daß ihre Lebensform, bestimmt durch die Verehrung des nur einen Gottes, zu Mißverständnis und Irritationen in den Ländern führen mußte, in denen sie lebten. Deswegen wurde das Prinzip von *Din de Malchuta Dina* formuliert: *„Das Gesetz des Staates ist (oberstes) Gesetz"*, das dann auch über dem eigenen, jüdischen Rechtskanon steht. Die Autorität des Staates darf nicht in Frage gestellt, seiner Rechtsordnung muß unbedingt gehorcht werden! Als wichtiges Prinzip wird dieses *Din de Malchuta Dina* mehrfach im Babylonischen Talmud erwähnt, später von dem großen Religionsphilosophen Maimonides wie auch in dem sogenannten *Shulchan Aruch*, einer umfassenden Zusammenstellung der jüdischen Religionsgesetze, über 25-mal erneut aufgenommen.

Auch das junge Christentum versuchte sehr schnell einen möglichen Verdacht auszuräumen, der Glaube an den auferstandenen Christus und Messias stehe über den Rechtsnormen des römischen Staates. Deswegen formuliert der in Rom lebende Paulus für die junge Gemeinde: *„Jeder leiste den Trägern der staatlichen Gewalt den schuldigen Gehorsam. Denn es gibt keine staatliche*

Gewalt, die nicht von Gott stammt; jede ist von Gott eingesetzt. Wer sich daher der staatlichen Gewalt widersetzt, stellt sich gegen die Ordnung Gottes ..." (Römer 13,1f)

Es war Ausdruck römischer Staatskunst noch unter Julius Cäsar, ein besonders schwieriges Dilemma zu umgehen und Juden von dem sonst alle Bürger des Staates verbindenden Kaiserkult – und damit von dem Zwang, sich zwischen Staatsraison und Glauben entscheiden zu müssen – einfach zu befreien. Wenn allerdings später die junge christliche Gemeinde als jetzt eigenständige, vom Judentum losgelöste monotheistische ‚Sekte' sich diesem Kaiserkult verweigerte, wurden ihre Mitglieder im Kolosseum den Löwen vorgeworfen. Der Monotheismus war und blieb grundsätzlich irritierend im Kontext der antiken Glaubenswelt – und staatsgefährdend im Kontext von Machtpolitik.

So wichtig der Zusammenhang von jüdisch-monotheistischer Verweigerung gegenüber der Durchsetzung von politischer Staatsraison auch sein mag – entscheidend für die irrationalfeindselige Haltung gegenüber Juden ist wahrscheinlich eine noch tiefer liegende, emotionale Schicht, nämlich die unmittelbare persönliche Beleidigung, die von dem religiösen Ausschließlichkeitsanspruch des jüdischen Monotheismus ausging. Der Anspruch, daß es nur einen Gott gibt, wurde als eine unerträgliche Anmaßung erfahren, mit der das jüdische Volk in seiner schieren Existenz die Grundlagen des Selbstverständnisses der übrigen Glaubenswelten in Frage stellte:

Die Völker der Antike verehrten unterschiedliche und im Grunde immer gleiche Götterpantheone über uns, darunter die Götterfamilien der Babylonier, Ägypter, Kanaanäer, der Griechen und Römer wie auch der alten Germanen. Und die Götter oben unterschieden sich auch nur wenig von uns Menschen unten auf der Erde: Zeus hat seine Affären, Hera, Athene und Aphrodite streiten sich um den Apfel des Paris, die Götter sind eifersüchtig, zornig, sinnlich und vor allem mit sich selbst beschäftigt. Und wenn die Menschen genügend Brandopfer darbrachten, ihnen mit Verehrung dienten, mischten sie sich auch nur selten störend in die irdischen Belange ein.

Es spielte dann auch keine größere Rolle, wer welchem Pantheon diente – denn wo Raum war für viele Götter, war auch Platz für mehr! Die Götter der Antike konnten untereinander getauscht, fremde in das eigene Pantheon aufgenommen werden. Mischkulte waren keine Seltenheit und wurden problemlos akzeptiert.

Diesem pluralen Verständnis steht jetzt mit dem jüdischen Gottesbild eine völlig andere Vorstellung gegenüber: ein persönlicher, begleitender, ja sogar werbender Gott. Und vor allem – EIN Gott! Dabei ein unsichtbarer, nicht manipulierbarer Gott, und zufällig der Gott des kleinen jüdischen Volkes. Was für eine Provokation! Denn was bedeutet der Gedanke, daß es nur EINEN Gott gibt? Natürlich nichts anderes, als daß alle anderen Götter ein großer Irrtum sind! Die nichtjüdischen Völker mußten sich von dieser exklusiven Glaubensvorstellung regelrecht vorgeführt vorgekommen sein – sollten sie alle einfach falsch liegen? Was bildete sich dieses kleine Volk eigentlich ein? Die tiefe Demütigung und Frustration durch das nicht angreifbare Postulat eines einzigen Gottes konnte die heidnische Welt den Juden nicht verzeihen. Wir kennen heftige Auseinandersetzungen aus dem alten Alexandrien des vierten und dritten Jahrhunderts v. Chr. G., wo sich die griechische mit der jüdischen Bevölkerung heftigste, natürlich erfolglose Diskussionen um das wahre Gottesbild lieferte. Hier beginnen dann auch die ersten blutigen Pogrome.

Aus der besonderen Gemengelage von kulturell-politischem Einzelgängertum und der als zutiefst beleidigend empfundenen, empörenden Vorstellung von dem nur einem, dem jüdischen Volk gehörenden Gott gegenüber einer breiten, pluralen Götterwelt entwickelte sich in der Antike das Bild vom Juden – erst als politischem Außenseiter und religiösem ‚Snob‘, in der weiteren Entwicklung dann als dem *Paria* unter den Völkern, eine Vorstellung, die sich als roter Faden durch die Geschichte hindurchzieht.

Als später das Christentum und dann der Islam in die Fußstapfen des jüdischen Monotheismus traten, war es schon zu spät! Die Ressentiments gegenüber Juden hatten sich längst verselbstständigt und waren integraler und nicht mehr zu revidierender Bestandteil einer Kultur und Bilderwelt geworden, die losgelöst von einem jetzt eigentlich gemeinsamen monotheistischen Glaubensfundament durch die weitere Geschichte bis in die Gegenwart hinein lebendig ist.

Diese Entwicklung macht Antisemitismus zu einem tief verankerten kulturellen Erbe. Einem Erbe, das für seine Existenz schon lange keine Erklärungen mehr braucht, das allerdings jederzeit unzählige Begründungen für seine verschiedenen und oft so gegensätzlichen Erscheinungsformen zu finden weiß.

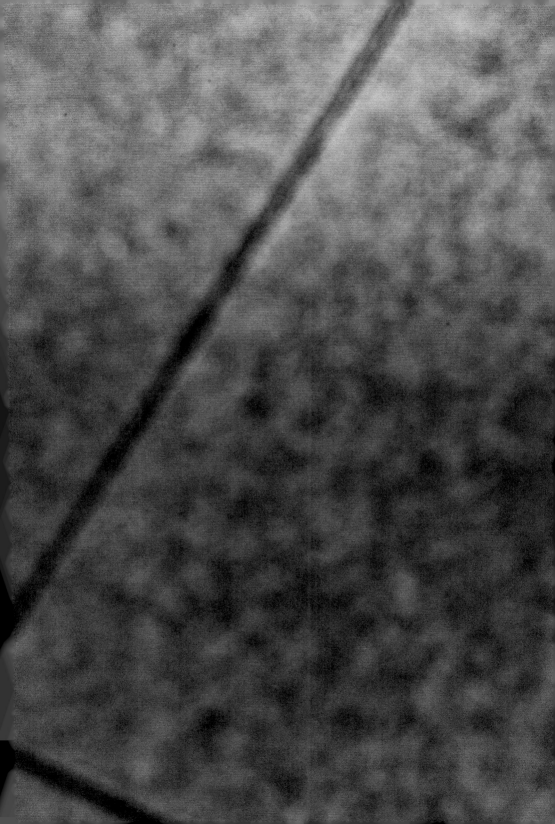

DIE MAGIE
DES SEGENS

„Daß die antike Welt gegenüber Juden skeptisch war, ist irgendwie nachvollziehbar. Aber Christentum und Islam kommen aus dem Judentum, haben alle drei den gleichen Gott. Trotzdem wurde von der Kirche immer wieder gegen die Juden gepredigt, und bei den Muslimen ist das nicht groß anders!"

Ein erstaunliches Phänomen in der monotheistischen Glaubensgeschichte ist die starke Ambivalenz von Christentum und Islam gegenüber Juden und dem Judentum. In beiden Nachfolgereligionen erleben wir einen tief sitzenden Antijudaismus und eine oft heftige Polemik, die weit über einen unmittelbaren theologischen Meinungsunterschied hinausgehen und in ihrer Folge weitreichende gesellschaftliche, antisemitische Ausdrucksformen nach sich gezogen haben. Aber wie erklären sich die starken negativen Emotionen, die Christentum und Islam praktisch unmittelbar nach ihrer Entstehung gegenüber dem Judentum entwickelt haben, obwohl gleichzeitig von beiden Religionen das Judentum durchaus als ‚Herkunftsreligion' begriffen wird?

Die Antwort liegt vielleicht in der magischen Kraft des Segens!

Aus dem biblischen Bericht erinnern wir, wie der Erzvater Isaak seinen Segen an Esau geben will und dieser dann durch Trug und Irrtum auf den zweitgeborenen Sohn Jakob übergeht. In der Erzählung wird der Segen als schicksalhaftes Gut beschrieben, sein Schenken oder seine Verweigerung bestimmen die Zukunft. Wenn der gleiche Jakob später seine zwölf Söhne segnet, hat dies lebensweisende Bedeutung für die Stämme Israels.

Hinter diesen Geschichten steckt ein universaler Gedanke: Wir Menschen brauchen den Segen der Eltern und finden erst Frieden mit uns selbst, wenn wir ihren Zuspruch an uns erhalten haben. Der Segen der Eltern stiftet die Legitimation für unsere Existenz. Ohne einen solchen zustimmenden Segen verbleiben wir Zeit unseres Lebens in Selbstzweifel und Abhängigkeit. Wir können uns von den Eltern nicht lösen und tragen ihnen gegenüber einen immerwährenden, tiefsitzenden Groll in uns. Vielleicht läßt sich so auch das Schicksal der frühen Kirche beschreiben, die sich anfangs durchaus als Teil, später dann in einer Nachfolge zu ihrer Elternreligion, dem Judentum, begriff.

Das rabbinische Judentum nach der Zerstörung Jerusalems im Jahre 70 n. Chr. G. sah das allerdings anders: Mit der Niederschlagung des ersten großen jüdischen Aufstandes durch Rom waren zwei von vier jüdischen Gruppen im Lande Israel untergegangen, die Priesterkaste der Sadduzäer wie auch die Essener. Eine dritte, das junge Christentum, hatte sich weitgehend über seine Missionstätigkeit in der nichtjüdischen Welt schon selbstständig gemacht. Im Heiligen Land übrig blieben die Vertreter des pharisäischen Judentums, das wir als ‚rabbinisches' Judentum bezeichnen. Diese Ausrichtung, der auch Jesus angehörte, wurde damit stellvertretend für das Judentum überhaupt. Aus seinem Geist heraus entstanden die Mischna, der Talmud und das breite jüdische Schrifttum bis in die heutige Zeit.

Nach dem Desaster der Zerstörung Jerusalems im Jahre 70 n. Chr. G. schloß dieses rabbinische Judentum seine Reihen gegenüber der ursprünglich jüdischen Sekte der Christen. Dabei konnte die Vorstellung von der leibhaftigen Auferstehung Jesu noch als Teil des jüdischen Kanons verstanden werden, bedenkt man die Auferstehung der Toten als zentralen Glaubenssatz pharisäischer Lehre. Aber mit dem Verzicht der Christen auf jüdische Traditionen, Speisegebote und Beschneidung, wie überhaupt einer Zugehörigkeit zum jüdischen Volk und damit dem Verzicht auf die national-ethnische Komponente des Judentums, war der Bogen überspannt: Das junge Christentum wurde aus der jüdischen Familie ausgeschlossen.

Diese Trennung fand dann auch ihren politischen Ausdruck in Rom: Juden waren vom Kaiserkult befreit, und diese Freistellung hätte auch für die junge christliche Gemeinde als ursprünglich innerjüdische Sekte gelten können. Weil sich aber die jüdische Gemeinde in Rom von den Christen distanzierte, sie nicht als Teil der jüdischen Gemeinde anerkannte, wurde die Verweigerung des Kaiserkultes durch die Christen zu einem Akt des Widerstands gegen den Staat, mit den darauf bald einsetzenden Verfolgungen unter Nero. Diese Distanzierung stiftete nachhaltig böses Blut. Wir können bloß spekulieren, ob dieser ‚Verrat' möglicherweise für eine Reihe von antijudaistischen Passagen in den Evangelien mitverantwortlich ist. Ihre schriftliche Niederlegung fällt jedenfalls in diese Zeit.

Judentum und das junge Christentum hatten sich in Unfrieden getrennt – keine Anerkennung des Christentums als Teil der jüdischen Familie, keine Anerkennung als legitimer Nachkomme. Seitdem scheint die Kirche um den verweigerten Segen der Elternreligion zu kämpfen. Bildlich gesprochen versuchte die Kirche – wie ein Kind von seinen Eltern – sich in trotzigem Widerstand unabhängig zu machen und sehr früh auch schon über eine *Theologie der Ersatzverheißung*: Kirche und das Christentum als das neue Volk Gottes, das die Versprechungen Gottes jetzt auf sich zieht. Die Diaspora, jüdisches Leben außerhalb des Landes Israel, wurde in der christlichen Tradition gedeutet als eine Strafe Gottes dafür, daß sich das jüdische Volk der Botschaft Jesu verschlossen hat. In der Folge wurde es Aufgabe und heilige Pflicht der christlichen Welt, die verblendeten Juden regelmäßig daran auch zu erinnern ...

Gleichzeitig machte es Kirche für sich zu einem besonderen Anliegen, Juden ins Christentum zu führen: Ein konvertierter Jude war stärkster Beweis für die Richtigkeit der ‚neuen' Lehre, war damit eine Art Kompensation für den verweigerten Segen.

Als ein besonders eindrucksvolles Beispiel für einen solchen Zusammenhang kann das Verhalten von Martin Luther gedeutet werden. Dieser zeigte sich in seinen ersten Jahren als großer Freund von Juden. Er war überzeugt, daß der Grund für ihre Ablehnung des Christentums eher technischer Art war, nämlich der Zustand einer maroden (katholischen) Kirche, daß eine Reform eben dieser Kirche notwendig dazu führen müßte, daß das jüdische Volk die Botschaft Jesu in ihrer wahren Lehre erkennen und annehmen würde. Wie wir wissen, geschah das nicht. Das Judentum verweigerte seinen elterlichen Segen auch einer ‚reformierten' Kirche. Die persönliche Enttäuschung Luthers muß groß gewesen sein, jedenfalls wandelt er sich von einem Freund der Juden zu dem vielleicht giftigsten Judenhasser der Kirchengeschichte. Seine offenbar aus diesem Zorn entstandene Polemik gegen das Judentum hat theologisch wie auch politisch bis in das Dritte Reich hineingewirkt – mit fürchterlichen Folgen.

Ähnlich erleben wir auch den jungen Islam in seiner Überlieferung. Mohammed war in seinen frühen prophetischen Jahren den jüdischen Gemeinden der arabischen Halbinsel gegenüber ausgesprochen positiv eingestellt und zeigt sich in seinen Visionen von jüdischen Texten stark inspiriert. Nicht zufällig war Jerusalem mit seinen zentralen monotheistischen Gründungstraditionen über längere Jahre hinweg der Ort islamischer Gebetsausrichtung. Mohammed verstand sich in der Nachfolge der biblischen Propheten in seiner Verkündung eines aktualisierten, abschließenden Monotheismus. Aber entgegen der Erwartung Mohammeds zogen die jüdischen Stämme um Medina nicht mit und verweigern auch dem jungen Islam den elterlichen Segen des Judentums. Kurz darauf, im Jahre 627, siegten die Truppen Mohammeds über die jüdischen Stämme Arabiens. Wer sich nicht zum Islam bekehrte, verlor sein Leben. Diese Überlieferung wurde Ausgangspunkt für eine breite anti-jüdische Polemik im Koran und dem späteren Islam.

Aufschlußreich ist hier, wie später auch bei Luther, die offenbar hohe persönliche Verletztheit, aus der heraus ursprüngliche Freunde des Judentums sich jetzt gegen dieses wenden, was sowohl die Geschichte des Protestantismus wie auch des Islam nachhaltig beeinflußt hat.

Vor dem Hintergrund des fehlenden Segens für Kirche und Moschee und zugleich dieses Segens bedürftig, mußte besonders die biblische Beschreibung von Israel als dem ‚auserwählten Volk' zusätzlich empörend und verletzend empfunden werden. Juden als etwas Besonderes und Gott offenbar näher: Wie wollte man mit dieser selbstpostulierten Einmaligkeit umgehen? Sie versperrte die Möglichkeit, sich mit dem jüdischen Volk und seinem, eigentlich doch gemeinsamen, Gott gleichberechtigt zu verbinden. Mit der Vorstellung von dem ‚auserwählten Volk' schienen Christentum und Islam grundsätzlich in den zweiten oder dritten Rang verurteilt.

Juden hatten sich allerdings schon sehr früh selber gefragt, was es mit dieser Auserwählung wohl auf sich haben könne. Eine Besserstellung im Sinne einer Privilegierung gegenüber anderen Völkern konnte es nicht sein. Einer solchen Vorstellung widersprach die historische Leidenserfahrung. Sinnhaft wurde der Gedanke von der Auserwählung erst, als er mit dem Begriff von einem *Licht unter den Völkern* verbunden wurde. Sicherlich nicht in der Vorstellung von einer Kerze, die über die anderen hinausragt oder heller leuchtet – der eigenen menschlichen Schwächen waren sich Juden immer bewußt. Die Begriffe von der *Auserwählung* und dem *Licht unter den Völkern* wurden als ein ethischer Auftrag interpretiert, als *auserwählt, ein Licht unter den Völkern zu werden*. Als ein Auftrag Gottes und Selbstverpflichtung in die Zukunft hinein...

Bei der nichtjüdischen Welt kam diese Interpretation nicht wirklich an. Die Vorstellung von einer Auserwählung wurde weiterhin als Hochnäsigkeit begriffen, die es zu bestrafen galt.

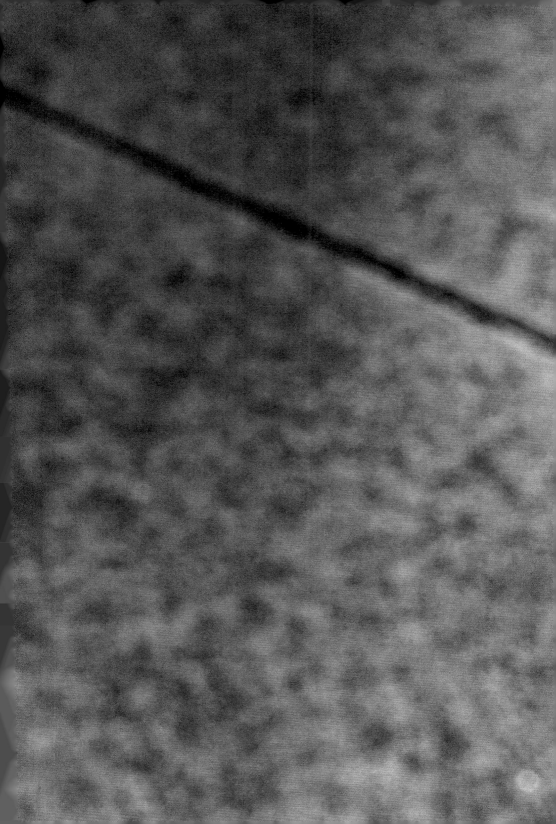

PAPST ZERSCHLÄGT GORDISCHEN KNOTEN

„Kirchliche Verkündigung hat über Jahrhunderte erklärt, daß Juden keine Heimat haben als Strafe Gottes dafür, weil sie nicht an Jesus glauben. Wenn es aber jetzt doch einen Staat für die Juden gibt, ist der dann an Gott vorbei entstanden?"

Eigentlich ist es recht gut nachvollziehbar, wenn sich verschiedene Kirchen mit Juden und dem heutigen Staat Israel schwertun. Immerhin verstanden sich Christentum und Kirche über fast 2000 Jahre Kirchengeschichte gemäß einer ‚Substitutions-‘, also Ersatz-Theologie als das neue Volk Gottes. Und genau so war es auch vom Kirchenvolk tief verinnerlicht worden: Juden hatten ‚das Licht nicht gesehen' und waren daher dazu verurteilt, mit ihrem Leben in Heimatlosigkeit und Verfolgung zu zeigen, wie sie von Gott (!) für ihren Unglauben bestraft werden. Noch im April 1948 formuliert der *Bruderrat der Evangelischen Kirche Deutschlands*: *„Israel unter dem Gericht ist die unauflösbare Bestätigung der Wahrheit, Wirklichkeit des göttlichen Wortes und die stete Warnung Gottes an seine Gemeinde. Daß Gott nicht mit sich spotten lässt, ist die stumme Predigt des jüdischen Schicksals, uns zur Warnung, den Juden zur Mahnung, ob sie sich nicht bekehren möchten zu dem, bei dem allein auch ihr Heil steht."* Das ist kein schäbiger Antisemitismus, sondern lang eingeübte Glaubensverkündigung. Und jetzt entstand tatsächlich unter der Nase einer solchen kirchlichen Glaubenstradition ein Staat Israel, die Einsammlung des zerstreuten Volkes, eine Heimstätte für das jüdische Volk, ein jüdischer Nationalstaat! Was hatte Gott sich hier dabei gedacht?

Die Beziehung zwischen Kirche und Judentum war und ist bis heute theologisch so aufgeladen, daß die Entstehung eines jüdischen Staates Israel nicht einfach als ein Produkt der politischen Verschiebungen des 20. Jahrhunderts eingeordnet werden konnte. Es mußte ein Zusammenhang mit einem göttlichen Heilsplan bestehen – nur was für einer? Die Betrachtung dieses neuen jüdischen Staatswesens stiftete in vielen Kirchen und ihrem Glaubensvolk Verwirrung: Wenn der Staat Israel kein Zufallsprodukt, sondern Teil eines göttlichen Heilsplans sein sollte, dann war der ‚alte Bund' Gottes mit seinem ersterwählten Volk vielleicht gar nicht aufgehoben? Bestand dieser Bund etwa doch weiter und mußte jetzt neu gedacht werden? Aus dieser Frage resultiert eine revidierte Beschreibung des Bundes zwischen Gott und dem jüdischen Volk, wie sie neben vielen anderen in der *Landessynode der Evangelischen Kirche im Rheinland* 1980 formuliert wurde, und zwar als „*Einsicht, daß die fortdauernde Existenz des jüdischen Volkes, seine Heimkehr in das Land der Verheißung und auch die Errichtung des Staates Israel Zeichen der Treue Gottes gegenüber seinem Volk sind.*" – Ein Abschied von der Substitutions-Theologie!

Aus der Gründung des Staates Israel ergab sich aber auch ein weiteres, theologisch-moralisches Fragezeichen: Die Gründung des Staates geschah nicht friedlich, sondern über einen kriegerischen Konflikt mit Gewinnern und Verlierern, verbunden mit dem Preis der Heimatlosigkeit von hunderttausenden Menschen. Eine göttliche Mißgeburt? Die Rückführung der Jüdinnen und Juden in ihre biblische Heimat hatte aus der Perspektive arabischer und palästinensischer Christinnen und Christen zur Folge, daß diese sich als die Kinder des ‚Neues Bundes' ihrer Heimat beraubt fühlen mußten. Das ‚alte Volk Gottes' auf Kosten des ‚neuen Volkes Gottes'? Und selbst wenn beide, Juden wie Christen, das gemeinsame Volk Gottes sein sollten, wem gehört dann die biblische Verheißung auf das Land? Aus diesem Dilemma erwuchs über die Jahrzehnte eine eigene palästinensische Befreiungstheologie.

So oder anders: Wenn der Staat Israel in kirchlicher Betrachtung und Theologie mit einem Handeln Gottes in Beziehung gesehen wird, steht er natürlich unter besonderer Beobachtung – weswegen sein politisches Handeln an ethischen Maßstäben bemessen wird, die weit über den Standards allgemein politischen Handelns anderer Staaten auf dieser Welt liegen. Deswegen stehen viele Kirchen und kirchliche Gemeinschaften dem Staat Israel weiterhin skeptisch-kritisch gegenüber. Diese Bedenklichkeit wird beispielhaft reflektiert in dem Nahost-Engagement des *World Council of Churches* und seiner Überwachung der Menschenrechtspolitik Israels. Aufgrund der eigenen Struktur der unterschiedlichen, pluralen, vielfältigen Denominationen innerhalb der protestantischen Kirche wird es noch seine Zeit brauchen, bis wir eine umfassende, gemeinsame protestantische Stimme zum Thema Staat Israel hören werden. Das Spektrum bleibt weit, von Israel-Begeisterung bis zu weiterhin einer großen Israel-Skepsis. Letztere trägt des öfteren verzerrende Züge, die sich gerne in einer oft unverhältnismäßig erscheinenden Israel-Kritik artikulieren.

Innerhalb der deutschen evangelischen Kirche hat sich gleichwohl in einem fortschreitenden Prozeß, über eine Vielzahl von Synodalbeschlüssen einzelner Landeskirchen wie dann auch der *Evangelischen Kirche Deutschlands* (EKD) insgesamt, eine breite und grundsätzliche Abkehr von Judenmission und Ersatz-Theologie hin zu einem grundsätzlichen Bekenntnis zum Staat Israel als einem ‚Zeichen der Treue Gottes gegenüber seinem erstgewählten Volk' durchgesetzt.

Gegenüber den einzelnen, unabhängigen protestantischen Kirchen auf der Welt sind die Möglichkeiten einer hierarchisch gedachten, weltumspannenden katholischen Kirche für bahnbrechende, öffentlichkeitswirksame Gesten und Schritte, die mit einer autoritativen (!) Stimme verkündet werden, unvergleichlich größer: Vorbereitet durch das 2. Vatikanische Konzil mit seiner Erklärung *Nostra Aetate* aus dem Jahr 1965 löste Johannes Paul II. bei seinem Besuch im Heiligen Land im Jahre 2000 den gordischen Knoten der ‚Ersatz-Theologie' und bezeichnete das Judentum als ‚das ältere Geschwister vor dem Herrn'. Und das wurde gehört! Der Begriff als solcher war nicht neu. Aber anstelle von eher kompliziert-theologischen Erklärungen wurde hier von oberster katholischer Spitze und in einem von der ganzen Welt verfolgten Akt das unmittelbar eingängige Bild vom ‚älteren Geschwister' dem Glaubensvolk nahegebracht. Noch einen Schritt weiter ging später Benedikt XVI., der sogar ein ‚elternliches Erbe des Judentums' formulierte. Damit war dem kirchengeschichtlichen Gerangel um den ersten Platz vor Gott in breiter Öffentlichkeit ein Ende gesetzt! Um es biblisch zu sagen: Jakob gibt den väterlichen Segen an seinen Bruder Esau zurück. Oder vielleicht treffender: Jakob teilt sich den väterlichen Segen mit seinem älteren Bruder.

Mit diesen Aussagen, für die es vielleicht noch Generationen brauchen wird, um ihre Bedeutung ganz in den Kirchenalltag zu übersetzen, haben diese beiden Päpste Kirchengeschichte verändert. In der Beschreibung einer Geschwisterschaft wie auch der Anerkennung der eigenen Herkunft aus dem Judentum, einer ‚biologischen Reihenfolge der Heilsgeschichte', befreite sich die Kirche aus dem fast 2000-jährigen Zwang der Selbstbeweisung in der Abgrenzung zum Judentum. In einem solchen Verständnis sind Kirche und Judentum tatsächlich das ‚gemeinsame Volk Gottes' und teilen sich das elterliche Erbe.

„Ganz objektiv betrachtet fällt es doch schon sehr auf, wie erfolgreich Juden sind. Rothschild, Banken, Hollywood, Facebook ... Die stellen wirklich tolle Sachen auf die Beine! Aber vielleicht sind Juden ja wirklich begabter als andere."

Mit der angesprochenen, hochexplosiven Mischung von politisch-religiöser Frustration gegenüber dem exklusiven Wesen des Monotheismus in der Antike und dem verweigertem Zuspruch des elterlichen Segens gegenüber den zwei monotheistischen Nachfolgereligionen des Judentums ist die Entwicklung des Antisemitismus sowohl in der islamischen Welt als auch in dem überwiegend kirchlich geprägten Europa des frühen und späteren Mittelalters und bis heute nicht wirklich verwunderlich und erfährt dabei eine erstaunliche Eigendynamik.

Die Folge war eine fortschreitende und sich vertiefende Dämonisierung: Juden wurden und werden als übermächtig und gefährlich, oder als minderwertig aber trotzdem gefährlich beschrieben, herausgenommen aus den Dimensionen ‚normaler' menschlicher Existenz. Und es geht offenbar um diese Dämonisierung, wenn wir heute von Antisemitismus sprechen.

Mit einer solchen Dämonisierung können soziale Ausgrenzung und eine ‚Sonderbehandlung' von Juden gerechtfertigt werden. Der Rest ist einfach Geschichte:

Wir erinnern die demütigende Kennzeichnungspflicht durch besondere Kleidung und Zeichen, im christlichen Europa dann auch das einsetzende Verbot von Grundbesitz und den Ausschluß aus Gilden und Zünften. Parallel dazu entwickeln sich tief wirkende antisemitische Bilder – Juden als Brunnenvergifter, Ritualmörder, Parasiten, der ‚ewige heimatlose Jude' – werden gängige Vorstellungen, die uns bis in die heutige Zeit begleiten. Zu einem der nachhaltigsten Bilder in der Entwicklung von antisemitischen Zuschreibungen wird die Vorstellung vom ‚Wucherjuden', der armen Christenmenschen das Blut aussaugt. Juden und Geld – hatte nicht schon Judas seinen Herren für 30 Silberlinge verkauft...?

Die hier entstandene Umkehrung von Ursache und Wirkung wäre beinahe amüsant, wenn es nicht so tragische Folgen gehabt hätte! Um die Wende vom ersten zum zweiten Jahrtausend n. Chr. G. entwickelt sich in Europa die Geldwirtschaft. Das damit verbundene Verleihen von Geld war allerdings nicht nur verbunden mit größten Risiken, es war in den Augen der Kirche auch hochgradig unmoralisch, weswegen es unter Innozenz III. mit dem kanonischen Zinsverbot von 1215 dann auch ganz untersagt wurde, damit gute Christenmenschen mit dem Geldgeschäft nicht weiterhin ihr Seelenheil verlören.

Die Juden dagegen hatten zum Glück ihr Seelenheil schon längst verspielt. Und weil es im Rahmen dieser neuen Wirtschaftsform eben doch einer Art Bankwirtschaft bedurfte, wurde ihnen diese eine Branche zugewiesen, nachdem Kirche und Gesellschaft ihnen alle anderen Berufszweige längst versperrt hatten.

Ein solcher Zusammenhang wurde natürlich recht schnell vergessen, während das Zinsverbot selber von kirchlicher Seite bis in die Neuzeit regelmäßig als schändlich in Erinnerung gerufen wurde. Juden fanden sich damit in der ‚Schmuddelecke' einer unaufhaltsam fortschreitenden, gleichzeitig moralisch delegitimierten Geldwirtschaft.

Auf ebenso absurde Weise führte die wirtschaftliche Beschränkung der Juden dann immer wieder auch zu sozialem Neid seitens der nichtjüdischen Gesellschaft: Um zu überleben, mußten Juden sich regelmäßig neu erfinden, Marktnischen auftun, eigene ‚Start-Ups' gründen. Die meisten werden gescheitert sein, einzelne hatten Erfolg. Verziehen wurde ihnen das nicht.

FISCHBRÖTCHEN MIT ZWIEBEL —
MIT ANTISEMITISMUS LEBEN

„**Das klingt vielleicht komisch, aber irgendwie guck' ich schon anders hin, wenn ich einem Juden gegenüberstehe.**"

Eine mir bis heute peinliche Erinnerung: Nach zwei Studienjahren *Jüdische Wissenschaften* in Jerusalem und einem weiteren in Heidelberg begegnete ich eines strahlend schönen Sommertages auf der Hauptstraße in Heidelberg einem jüdischen Kommilitonen. Er hatte ein Fischbrötchen in der Hand und ja, verbreitete auch leichten Zwiebelgeruch. Unmittelbar fiel mir ein, daß der Bruder des Kollegen ein bekannter Volkswirtschaftsprofessor war. Nur Zufall? Vom Fischbrötchen über Zwiebeln zu Volkswirtschaft und Geld – völlig unangemeldet kam aus den niedrigsten Schichten meines Unterbewußtseins ein Bild vom ‚Juden' hoch. Zur schnellen Verifizierung meines Instinktes ging mein Blick auf die Nase meines zwiebelnden Gegenübers – vielleicht doch etwas groß?

Das Absurde an dieser unschuldig-schrecklichen Situation: Im Eingang der Fußgängerpassage wurden Fischbrötchen im Angebot verkauft, zahllose Menschen liefen damit in der Hand herum und nach Zwiebel roch es auf jedem zweiten Meter! Mein Kommilitone unterschied sich natürlich in gar nichts von allen anderen Passanten, und seine Nase war auch nicht weiter auffällig ...

Was war da mit mir passiert?

Wir sind nicht schuld am Antisemitismus. Und auch nicht an den unterschiedlichen antisemitischen Bildern in unseren Köpfen, die bei den meisten unter uns schon in früher Kindheit gestiftet wurden. Antisemitismus wird uns ‚angetan', durch leichtfertige Sprache, durch Darstellungen in der Kunst, durch entsprechende Texte, nicht zuletzt auch über die Evangelienberichte. Wir sprechen von einer ‚Judenschul', wenn es scheinbar unkontrolliert laut hergeht, einem ‚Pharisäer', wenn Kaffee mit Rum und verdeckender Sahnehaube gereicht wird, wenn wir allgemein ein scheinheiliges Verhalten benennen wollen. Auch eigentlich seriöse Literatur beschreibt Juden immer wieder in Klischees, von Wilhelm Raabe im 19. Jahrhundert bis hin zu Rainer Werner Fassbinders umstrittenem Theaterstück *Der Müll, die Stadt und der Tod* Ende der 70er Jahre des letzten Jahrhunderts.

Antisemitismus ist ein kulturelles Erbe, insbesondere der westlichen Gesellschaften. Und dieses Erbe kannte bis in die jüngere Neuzeit hinein auch keinerlei soziale Ächtung und gehörte in breiten Kreisen durchaus zum guten Ton. Es ist ein Erbe, das heute nur teilweise bewußt, überwiegend un- und unterbewußt wie ein negativer Kulturstrom in und mit uns fließt, gespeist durch eine sich selbst erneuernde Bilderwelt, weitgehend unreflektiert und doch jederzeit aus dem Stand reproduzierbar. Ein

Kratzer auf der Schallplatte unseres Seins, der bei jeder Umdrehung immer wieder die gleiche Störung, das gleiche Knacksen, den gleichen Reflex hervorruft.

Es erscheint eher unwahrscheinlich, daß sich dieses ‚Kulturerbe' von jetzt auf gleich und durch jüngere gesellschaftliche Einsicht unmittelbar verändern läßt. Mit einer solchen kulturellen Hypothek ausgestattet, werden wir wohl noch auf lange Zeit hinaus mit Antisemitismus und seinen Bildern und Ausdrucksformen, auch in uns selbst, leben müssen.

Was wir mit viel gutem Willen leisten können: uns gelegentlich daran zu erinnern, daß wir diesem kulturellem Erbe und unschönen Vermächtnis nicht völlig ausgeliefert sein müssen.

Eher kontraproduktiv erscheinen dagegen eine reflexhafte Abwehr oder Auslagerung von latent antisemitischen Gefühlen. Gedanken und Gefühle lassen sich selten per Dekret verbieten oder über offizielle Tabus aussperren. Wenn wir dagegen unsere kulturell angeeigneten antisemitischen Instinkte und ihre Ausdrucksformen einfach annehmen und sie benennen, können wir sie auch auf ihre Stimmigkeit hin befragen. Ein Prozeß, der uns möglicherweise noch Generationen lang beschäftigen wird.

‚POLITICAL CORRECTNESS' UND ZIONISMUS

„In unserer Familie wurde nie was Schlechtes über Juden gesagt. Mein Vater erzählte immer wieder von seinem jüdischen Kinderarzt, der ihm als Kind praktisch das Leben gerettet hat! Wenn ich mir allerdings ansehe, wie der Staat Israel sich so aufführt, dann weiß ich wirklich nicht, was ich dazu sagen soll!"

Seit dem Zweiten Weltkrieg und dem Schrecken der Shoah besteht eine allgemeine Befangenheit zum Thema Juden. Politische ‚correctness' verbietet antisemitische Äußerungen und Haltungen. Deswegen konnten über Jahrzehnte in Nachkriegsdeutschland politische Karrieren nicht nur durch eine aufgedeckte Nazi-Vergangenheit, sondern auch über antisemitische Entgleisungen enden. ‚Man' war nicht mehr antisemitisch.

Aber damit sind die entsprechenden Ressentiments nicht aus der Welt. Sie werden offenbar immer wieder auch in die Gestalt einer besonderen Beachtung und Bewertung des politischen Handelns des Staates Israel umgelenkt. Bezeichnend dafür sind Formulierungen wie ‚Man wird doch mal sagen dürfen ...', oder ‚Wir haben nichts gegen Juden, aber was die Israelis machen ...'

Auffällig erscheint in dem Diskurs zum Thema Israel der durchgehend negativ wertende Gebrauch des Wortes *Zionismus*. Das erstaunt, weil *Zionismus* in seiner Herkunft ein offener Begriff ist, der unmittelbar nichts anderes beschreibt als die Idee der Begründung und des Erhalts eines eigenen jüdischen Staates im Land Israel, dem *Zion* der Bibel. Der Begriff *Zion* wurde ursprünglich auf Jerusalem angewandt, um in seiner weiteren Entwicklung das Land Israel zu beschreiben. Welche Ausgestaltung dieser *Zionismus* gewinnt, ob er sich ‚rechts-national' oder ‚links-liberal' darstellen will, spielt für den Begriff als solchen erst einmal keine Rolle. Ein linker Israeli, der sich für einen eigenen, unabhängigen Palästinenserstaat an der Seite Israels engagiert, ist deswegen nicht weniger ein ‚Zionist' als ein rechtsgerichteter Siedler im Westjordanland, der seinen *Zionismus* in einem Groß-Israel links des Jordanflusses verwirklicht sähe.

Es ist eine Folge der 70er Jahre des letzten Jahrhunderts, daß der Begriff *Zionismus* international seine Veränderung erfahren hat und zu einem Synonym für Rassismus, Imperialismus und Besatzung verwandelt wurde – nicht zuletzt durch den eher unglücklichen Beschluß der Vereinten Nationen 1975, Zionismus und Rassismus gleichzusetzen, ein Beschluß, der erst im Jahr 1991 wieder aufgehoben wurde. Aus dieser negativen Umdeutung des Begriffes *Zionismus* entstand ein sogenannter *Antizionismus*, worunter jede Form von Infragestellung der Legitimation wie auch der physischen Existenz des Staates Israel verstanden werden kann.

Mit einer solchen Gleichung von Zionismus mit Rassismus und einer grundsätzlichen Infragestellung der Existenz des Staates Israel scheinen sich Antisemitismus und Antizionismus tatsächlich die Türklinke in die Hand zu geben: So wie Juden von der Antike und bis in die jüngere Neuzeit die *Parias* der Weltgeschichte waren, so erscheint heute der Staat Israel in seiner politischen Existenz als der *Paria* unter der Völkerfamilie ...

Inwieweit wir von Israelkritik als einer Kompensation für unterdrückte antisemitische Ressentiments sprechen, ob wir bestimmte Aussagen und Haltungen gegenüber Israel als antisemitisch bewerten, hängt sicherlich von der Situation und der jeweiligen Person ab. Im Anliegen problematisch erscheinen Verurteilungen der Politik Israels in Verbindung mit einer starken emotionalen Aufgeregtheit. Dies ist besonders dann der Fall, wenn die entsprechenden Emotionen auf Israel beschränkt bleiben und in der politischen Beschreibung anderer Konfliktorte auf der Welt nicht mit einer vergleichbaren Intensität zum Ausdruck gebracht werden. In solchen Fällen liegt zumindest der Verdacht einer fehlenden Unvoreingenommenheit nahe.

Als klärender Lackmus-Test für eine Unterscheidung von legitimen Fragen zu dem politischen Verhalten des Staates Israel auf der einen und ‚antizionistisch' kompensiertem Antisemitismus auf der anderen Seite bietet sich der bekannte *3-D-Test* an: Delegitimierung, Dämonisierung und Doppel-Standard. Mit diesen drei Begriffen läßt sich recht gut ein Engagement im Konflikt zwischen Israelis und Palästinensern gegenüber Haltungen zu anderen Konfliktorten auf der Welt auf seine innere Motivation hin durchprüfen: Führen wir einen objektiven, politischen Diskurs, oder sprechen wir dem Staat Israel grundsätzlich seine Legitimität ab? Sprechen wir von Israel und seinem politischen Verhalten in neutralen Begriffen oder überhöhen wir sein Handeln in metaphysischen Kategorien? Und zuletzt: Legen wir für Israel die gleichen Maßstäbe an wie für andere komplexe Orte auf dieser Welt?

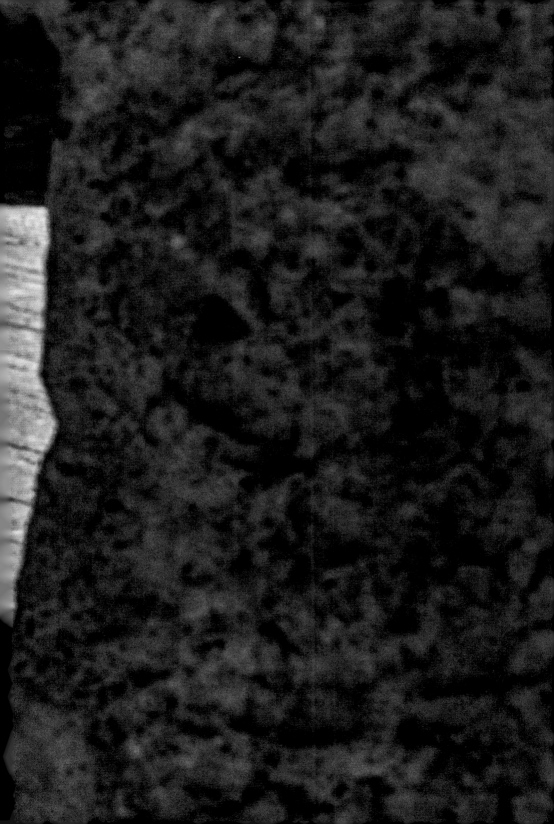

„Und was ist mit den Palästinensern?! Sind die Opfer von gestern die Täter von heute?"

Ein unmittelbarer Reflex würde solche Fragen als deplaziert abwehren: Befinden wir uns hier doch in einer jüdisch-israelischen Gedenkstätte, wo der jüdische Staat Israel seine Geschichte im Dritten Reich und der Vernichtung eines Drittels der jüdischen Weltbevölkerung verarbeitet. Dürfen wir an einem solchen Ort Sichtweisen ansprechen aus einer möglicherweise ganz anderen Perspektive – und damit vielleicht eine Infragestellung des jüdisch-israelischen Narrativs riskieren? Nach einer Verantwortung Israels gegenüber dem Schicksal der Palästinenser fragen, wo die Leidenserfahrung des jüdischen Volkes im Vordergrund stehen möchte?

Fragen nach der Rolle Israels bei der Entstehung palästinensischer Flüchtlingsbewegungen sind niemals ohne Emotionen. Was sagen sie aus über Israel? Und was sagen sie vielleicht auch aus über die fragende Person selbst?

Ob solche Überlegungen an diesem Ort sinnvoll sind oder nicht, kann offenbleiben. Sie stehen jedenfalls wie der berühmte Elephant im Raum.

SHOAH — GRÜNDUNG DES STAATES ISRAEL — NAKBA

„Wenn man sich jüdische Geschichte anschaut, wird schon deutlich, daß die Juden einen eigenen Staat brauchen. Aber dann hat die Shoah ja doch auch etwas Gutes bewirkt, immerhin haben die Juden dadurch ihren Staat bekommen!"

Yad Vashem reflektiert die Vernichtung des europäischen Judentums durch Nazi-Deutschland und seine Helfer. Fast unmittelbar nach Ende des Zweiten Weltkrieges und der Shoah entstand der Staat Israel, nachdem ‚die Welt', vertreten durch die *Vereinten Nationen* als Nachfolgeorganisation des untergegangenen Völkerbundes, am 29.November 1947 mehrheitlich für eine Teilung des britischen Mandatsgebietes Palästina in einen jüdischen und einen arabischen Staat stimmte, offenbar geleitet von Empathie und Mitleid gegenüber dem verfolgten jüdischen Volk. Nach so viel Leid hatten Juden einen eigenen Staat ‚verdient'.

Der Staat Israel – gewissermaßen ein Geschenk der Welt an das mißhandelte jüdische Volk, weswegen es Juden nach der Shoah ermöglicht wird, im arabischen Palästina einen jüdischen Staat zu gründen. Damit mußte die arabische Bevölkerung in dem Mandatsgebiet Palästina den Preis dafür bezahlen, daß die Welt ‚ihre' Judenfrage nicht hatte lösen können.

Wenn gleichzeitig vor allem in der arabischen Welt die Shoah als solche – oder zumindest in ihrem Umfang – als jüdische Propaganda angezweifelt wird, erscheint dies als ein Widerspruch zu einer solchen Kausalität von einem Staat Israel als Entschädigung an das jüdische Volk für sein Leiden im Zweiten Weltkrieg. Ein Widerspruch, der im politischen Diskurs nicht leicht und dann auch nur von arabischer Seite selbst aufzulösen sein wird.

Unabhängig von einer solchen Ambivalenz gegenüber der Historizität der Shoah zieht das arabisch-palästinensische Narrativ eine direkte Linie von der Shoah über die Gründung Israels zu der Nakba, der Flucht und Vertreibung hunderttausender arabischer Menschen vor und während der Staatsgründung Israels. Palästinenser sind die Opfer der Opfer der Shoah. Daraus resultiert für die Welt diesen Menschen gegenüber auch eine unmittelbare Verantwortung: den erfahrenen Schaden zu ersetzen und die Opfer der Opfer zu entschädigen …

Aus der Zeit unmittelbar nach dem Zweiten Weltkrieg heraus ist es jetzt durchaus vorstellbar, daß einzelne Länder, die dem Teilungsplan für die Entstehung sowohl eines jüdischen wie auch eines arabischen Staates westlich des Jordan vom November 1947 zustimmten, tatsächlich Gefühle von Mitleid oder vielleicht einer Schuldigkeit gegenüber dem geschundenen jüdischen Volk verspürten. Mit einem Blick auf ihre Vergangenheit wie auch auf die heutige Wirklichkeit der Vereinten Nationen können wir allerdings vermuten, daß es im Allgemeinen doch eher politische Kräfteverhältnisse und politische Zwänge sind, die Entscheidungen der Vereinten Nationen bestimmen. Sicherlich hätten eine ganze Reihe von ethnischen und politischen Gruppen damals und heute einen eigenen Staat ‚verdient'. Wir könnten beispielhaft an die rund 40 Millionen kurdischen Menschen denken, verteilt zwischen Syrien, der Türkei, dem Iran und dem Irak, denen bis heute ein Zusammenschluß verwehrt bleibt, weil die politischen Machtverhältnisse dies nicht zulassen.

Es erscheint daher plausibler davon auszugehen, daß unter den Staaten der jungen Vereinten Nationen eher das Gefühl vorherrschte, der im November 1947 von den Briten vorgelegte Teilungsplan für das Mandatsgebiet *Palästina* sei die vielleicht einzige Lösung für eine unhaltbare Situation. Die Mandatsmacht England konnte den Konfliktraum Palästina offenbar nicht mehr kontrollieren. Nur wenige Monate zuvor, im Juli 1947, hatte es schon sein ‚Kronjuwel' aufgegeben und Indien in die Unabhängigkeit entlassen. Das britische Weltreich brach auseinander, ein Prozeß, der in den nachfolgenden Jahren zu dem völligen Rückzug Englands aus seinen Kolonien führte. Die Rückgabe des Mandatsgebietes Palästina an die Völkergemeinschaft und die Vorlage eines Teilungsplans für das Gebiet westlich des Jordan erscheint daher eher als ein Versuch Englands, mit internationalem Segen aus einem gescheiterten Kolonialabenteuer herauszukommen. Dabei wurde die ‚heiße Kartoffel' Palästina im wahrsten Sinne des Wortes fallengelassen.

Entsprechend bestanden dann auch keinerlei Unterstützungsmechanismen für das aufgegebene Mandatsgebiet – mit verheerenden Folgen besonders für den vorgesehenen arabischen Staat westlich des Jordans. Welche Kräfte, welche politischen Strukturen vor Ort hätten ihn ausgestalten können? Weswegen er dann auch gar nicht erst entstand bzw. von den umgebenden Kräften sofort aufgesaugt wurde – die arabische Gesellschaft westlich des Jordan wurde schnelles Opfer im Kampf um Einfluß und Territorium zwischen Jordanien, Ägypten und dem jungen Staat Israel. Es erscheint bezeichnend für den Opportunismus unserer Welt, daß diese politische Totgeburt seinerzeit von keinem internationalen Gremium betrauert oder auch nur kommentiert wurde.

Für die Zustimmung zu der Entstehung eines jüdischen Staates westlich des Jordan standen neben der Hilflosigkeit der Briten und im Rahmen der wachsenden Polarisierung von Ost und West nach 1945 auch recht pragmatische internationale Interessen und geopolitische Erwägungen im Raum. Während nämlich die ehemalige UdSSR in dem zukünftigen jüdischen Staat einen potentiellen sowjetischen Satelliten gesehen haben mag, scheinen sich die USA einen westlich-demokratischen Staat und US-amerikanischen Bündnispartner im Nahen Osten erhofft zu haben – beide stimmten in seltener Einmut für den Teilungsplan!

Wenn die Menschen, die sich heute als Schicksalsgemeinschaft des Volkes der Palästinenser begreifen, eines Tages einen eigenen Staat haben werden, wird dies wahrscheinlich auch nicht das Geschenk einer generösen Völkergemeinschaft sein, sondern das nüchterne Ende eines langen Prozesses, weil es keine Alternative dazu gibt.

WAS WÄRE, WENN ...

Was wäre, wenn ...

Was wäre geschehen, wenn es keinen Teilungsplan und keine Entscheidung der Vereinten Nationen für diesen Plan gegeben hätte? Wirklich wissen können wir es nicht. Wahrscheinlich hätten sich die Briten auch so von ihrem Mandat verabschiedet – verabschieden müssen. Wahrscheinlich wäre es auch so zu einem Krieg vor Ort gekommen, der wahrscheinlich mit dem gleichen Ergebnis geendet hätte ...

Ein jüdischer Staat mußte allerdings nicht erst von der Welt ‚aus der Wiege' gehoben werden – er war praktisch schon da. Für seine Ausrufung waren längst alle dahingehenden Schritte vorbereitet. Der sogenannte *Jeshuv*, das jüdische Gemeinwesen im Mandatsgebiet Palästina, hatte bereits eine breite vorstaatliche Infrastruktur mit eigenem Schulwesen, Hochschulgründungen, einer Gewerkschaft und organisierter Krankenversorgung, eigenen, noch separaten Verteidigungsorganisationen. Das alles konnte jederzeit in einen formalen Staat überführt werden.

Wenn wir jetzt doch einen Zusammenhang zwischen der Shoah und der Gründung des Staates Israel herstellen wollen, müssen wir traurigerweise sagen, daß die Shoah – und die britische Mandatspolitik! – die Entstehung eines jüdischen Staates eher verzögert haben. Wären die Briten ihrem Mandatsauftrag gefolgt und hätten die freie Einwanderung von Juden in das Mandatsgebiet Palästina ermöglicht statt sie zu beschränken, hätten nicht nur hunderttausende europäische Juden das Dritte Reich überlebt, sondern schon zu einem viel früheren Zeitpunkt hätte sich eine kritische Masse von jüdischen Menschen in ein eigenes Staatswesen verwandelt.

VERGLEICHBARKEIT VON NAKBA UND SHOAH?

„Die Shoah und die Gründung Israels hatten die Flucht und Vertreibung hunderttausender palästinensischer Menschen zur Folge."

Eines Tages wird es vielleicht auch eine eigene palästinensische Gedenkstätte geben. Mit einer eigenen Dokumentation der Erfahrung von Ausgeliefertsein und Hilflosigkeit. Nicht in der Relativierung zu anderem Leiden, sondern in der Absolutheit der eigenen, unmittelbaren Leidenserfahrung.

Ein Vergleich von Leiden mit anderem Leid ist immer problematisch. Ist das eine größer als das andere? Sind 100 ermordete Menschen weniger tragisch als 1000 ermordete Menschen? Wann sprechen wir von Völkermord? Läßt sich das Erleben von hunderttausenden entwurzelten arabischen Menschen mit dem Schicksal von sechs Millionen ermordenen jüdischen Menschen in einen Vergleich setzen?

Nicht weniger schwierig ist dann auch die Überlegung, ob wir eigene Verantwortung oder eigenes Verschulden in die Betrachtung von erfahrenem Leid hineinnehmen dürfen: Können wir, wollen wir die Zerstörung Dresdens oder Hamburgs und den Flammentod unzähliger Menschen als eine gerechte Strafe für die Aggression Nazi-Deutschlands verstehen? War das Schicksal von Millionen Ostvertriebener deswegen weniger schrecklich, weil es von Nazi-Deutschland verschuldet worden ist? Wollen wir, können wir unterscheiden zwischen ‚schuldigen‘ und ‚unschuldigen‘ Opfern eines Kriegs? Und mit einer solchen Fragestellung verbunden: Dürfen wir den Palästinensern eine (Mit)Verantwortung für mögliche Fehlentscheidungen und die Folgen aus dem Konflikt von 1947/48 zumuten? Und gleichzeitig gilt die uralte Regel, daß wir für unsere Entscheidungen immer auch einen Preis bezahlen.

Ein unmittelbar historischer Vergleich zwischen dem Exodus hunderttausender arabischer Menschen aus Gebieten, die später Teil des jüdischen Staates Israel wurden, und dem Mord an rund sechs Millionen jüdischen Menschen im Dritten Reich erscheint zweifelhaft: Juden und Araber standen sich 1947/48 feindlich gegenüber und trugen einen Waffengang miteinander aus. Der Spieleinsatz war ein Territorium, auf das beide Seiten Anspruch erhoben. Dabei gab es Gewinner und Verlierer. Zu keinem Zeitpunkt der kriegerischen Auseinandersetzung ging es um eine Vernichtung der arabischen Menschen in dem Raum des Mandatsgebietes Palästina. Für eine rückschauende Betrachtung müßte sich die arabische Verliererseite auch daran erinnern lassen, daß es 1947 durchaus einen Teilungsplan der Vereinten Nationen für eine territoriale Lösung gegeben hatte, wie auch eine Folgeresolution aus dem Jahr 1948, welche die Rückkehr der arabischen Flüchtlinge in ihre Heimatorte geregelt hätte, was beides aus historisch erklärbaren Gründen von arabischer Seite abschlägig beschieden worden war. Das macht eine spätere Berufung auf nachfolgende Resolutionen der Vereinten Nationen zum arabisch-israelischen Konflikt zumindest problematisch.

Im Gegensatz zu der Situation im Mandatsgebiet Palästina waren Juden in Europa keine Kriegsgegner Nazi-Deutschlands! Es war eine einseitige, grundsätzliche ideologische Entscheidung Nazi-Deutschlands, erst das europäische Judentum, später Juden überhaupt vollständig ausrotten zu wollen, kein kriegerisch ausgetragener Interessenkonflikt zwischen zwei Kriegsparteien. Und während der arabisch-israelische Konflikt sich auf ein begrenztes Territorium beschränkt, stellt die Shoah den ersten Versuch in der Menschheitsgeschichte dar, eine bestimmte Volks- und Glaubensgemeinschaft grundsätzlich und überall auf der Welt auszulöschen. Das ist eine Dimension von Vernichtungsideologie, die sich jeder Vergleichbarkeit zu entziehen scheint.

Für die Betrachtung einer möglichen Beziehung zwischen dem Inferno der Shoah zu dem Drama des palästinensischen Volkes muß eine solche *historische* Schwervergleichbarkeit allerdings keine wirkliche Rolle spielen. Denn es geht um etwas anderes und vielleicht auch viel Wichtigeres, nämlich eine parallele subjektive Erfahrung einer absoluten Lebenskatastrophe!

Interessanterweise bedeuten das arabische *Nakba* und das hebräische *Shoah* ja das gleiche – beide stehen in ihrer Sprache für das Wort ‚Katastrophe'! Und hieraus ergibt sich eine zwar nicht unmittelbar historische, dafür aber *emotionale* Parallelität zwischen den beiden, und zwar dadurch, daß beide Geschehnisse, der arabisch-israelische Krieg von 1947/48 mit der Entwurzelung von hunderttausenden arabischer Menschen auf der einen Seite, und die Vernichtung des europäischen Judentums nur wenige Jahre zuvor auf der anderen Seite, einen zutiefst dramatischen Einschnitt in der Selbstwahrnehmung der betroffenen Menschen bedeutet. Nach 1945 bzw. 1948, also fast zeitgleich, standen Juden wie dann auch die Menschen, die sich in der Folge als Palästinenser begreifen, vor einem existentiellen Scherbenhaufen.

Für die einen bedeutete das Fiasko des 1947/48er Krieges Heimatlosigkeit oder Besatzung, erst durch ihre arabischen Bruderländer, später durch den Staat Israel – und damit die Begründung eines Opferzustandes. Für die andere Seite wurde mit dem Ende des Zweiten Weltkrieges die Erfahrung der Auslöschung eines Drittels seiner Weltbevölkerung und der aktiven oder duldenden Beteiligung der Welt an diesem Völkermord zu der abschließenden Bestätigung einer über 2000jährigen Verfolgungserfahrung. Und damit der Vergewisserung eines Opferzustandes.

Und so stehen sich nach 1945 und dem Ende des Dritten Reiches auf der einen Seite und dem Ende des ersten arabisch-israelischen Krieges 1947/48 auf der anderen Seite zwei Opfernarrative in ihrer jeweiligen Ausschließlichkeit gegenüber. Auf einer solchen Ebene können wir tatsächlich eine Vergleichbarkeit zwischen der Nakba und der Shoah beschreiben – in der Auswirkung eines jeweils dramatischen, schicksalhaften Einbruchs des Verständnisses von der Welt und von sich selbst in dieser Welt. *Die parallele Erfahrung eines Traumas, das in der Folge die eigene Identität wie dann auch die Wahrnehmung der äußeren Welt* grundsätzlich definiert.

In der Betrachtung von Israelis und Palästinensern müssen wir diese parallelen Opferrollen wahrnehmen und respektieren. Wir müssen um die Auswirkungen des damit verbundenen Vertrauensverlustes gegenüber der Welt auf die Psyche der beiden Seiten wissen, um ihr jeweiliges politisches Handeln in seiner Rationalität, und vielleicht noch viel mehr in seiner Irrationalität einordnen und verstehen zu können.

JUDEN WIE NAZIS?

„Das klingt vielleicht ein bißchen hart, aber was die Juden mit den Palästinensern machen, also das ist schon ähnlich wie bei den Nazis im Dritten Reich! Überhaupt, wie können die Israelis mit den Palästinensern so umgehen, nach der eigenen Erfahrung von Leiden, Verfolgung und Ausgrenzung?"

Was haben die Nazis eigentlich mit den Juden gemacht? Zur Erinnerung: Sie haben sie zu Millionen erschossen und vergast. Neben der systematischen Ausrottung zahlloser weiterer Menschen in Deutschland, Polen, der ehemaligen UdSSR ...

Für bestimmte Gruppen mag es eine hilfreiche Vorstellung sein, dem Staat Israel könnte nachgewiesen werden, in seinem Umgang mit den Palästinensern ‚Nazi-Methoden' anzuwenden. Wenn gezeigt werden könnte daß Juden auch nicht besser sind als alle anderen ...

Richtig ist: Der Krieg 1947/48 zwischen Israel und den arabischen Ländern wurde von allen beteiligten Parteien mit harten Bandagen geführt. Auch die spätere Besetzung von Westjordanland und Gazastreifen 1967 durch Israel und die daraus erwachsene Politik ist kein humanitäres Projekt. Wie oben aber schon gesagt, bestand zu keinem Zeitpunkt eine Vernichtungsideologie gegenüber Palästinensern oder den arabischen Nachbarn. Was umgekehrt so vielleicht nicht mit der gleichen Eindeutigkeit gesagt werden kann.

Eine Gleichsetzung von Juden/Israelis und Nazis ist in der Regel emotional motiviert. Hier könnte eine einfache statistische Betrachtung der heutigen Lebenssituation von Arabern und Palästinensern westlich des Jordans aufschlußreich sein: Die arabisch-palästinensische Bevölkerung in Israel selbst hat sich seit der Gründung des Staates parallel zu der jüdischen Bevölkerung verzehnfacht. Das gleiche gilt für die Menschen in den palästinensischen Autonomiegebieten des Westjordanlandes und dem Gazastreifen. Wenn über die letzten 70 Jahre mehr als fünf Millionen Menschen ihr Leben in kriegerischen Auseinandersetzungen der Länder des Nahen Ostens und Nord-Afrikas verloren haben, steht die Zahl der Opfer im israelisch-palästinensischen Konflikt für weniger als ein Prozent dieser Zahl. Das spricht weniger für eine israelische Vernichtungspolitik mit Nazi-Methoden ...

DES NAHOSTKONFLIKTES

ASPEKTEN REGIONALEN DEN ZU

HERZL THEODOR VON

„**Die Israelis scheinen irgendwie eine Neurose zu haben! Als ob wirklich die ganze Welt gegen sie wäre. Aber selbst die Shoah liegt jetzt bald ein Jahrhundert hinter uns ...**"

Theodor Herzl war dem Judentum und seiner eigenen jüdischen Herkunft nur sehr lose verbunden. Im Wesen Deutschnationaler, waren seine frühen Leitbilder Bismarck und – die sich rasant entwickelnde Nutzung des elektrischen Stroms! Als Student in Wien wird er Mitglied der Burschenschaft *Albia*, wo er den Kneipnamen *Tancred* annimmt. In Wien lernt er den 1879 von dem Schriftsteller und Aktivisten Wilhelm Marr neu eingeführten Begriff *Antisemitismus* kennen.

Während heute gemeinhin die sogenannte *Dreyfus-Affäre* als Auslöser für sein zionistisches Engagement erinnert wird, war es wahrscheinlich ein unmittelbar viel einschneidenderes, persönliches Erlebnis, das bei Herzl die Vision eines jüdischen Staates angestoßen hat: Infolge des sogenannten *Berliner Antisemitismus-Streites* von 1879-81, der durch einen Aufsatz des Historikers Heinrich von Treitschke mit dem Satz *„Die Juden sind unser Unglück"* ausgelöst wurde und sehr schnell auch Wien erreicht hatte, wurden jüdische Korporierte, darunter auch Theodor Herzl, aus den studentischen Korporationen herausgedrängt. Sie wurden ‚geschaßt'! Begriffe wie ‚Freundschaft' und ‚Lebensbundprinzip' verloren ihre Gültigkeit angesichts des antisemitischen Erwachens. Arthur Schnitzler, ein Freund Herzls, beschreibt diese demütigende Erfahrung als den Wendepunkt im Leben von Theodor Herzl. Das persönliche Erleben wird zum Anstoß für eine Analyse der allgemeinen politischen Veränderungen in Deutschland und Österreich, wo Emanzipation und Liberalismus durch rechtsnationalistische Strömungen auf bedrohliche Weise ausgehebelt wurden. Herzl zieht daraus die Konsequenz, daß es für eine Integration von Juden in den Ländern Europas keine dauerhafte Zukunft gibt.

Wenn Theodor Herzl 1894 und Jahre später als Korrespondent Zeuge der öffentlichen Entehrung des Hauptmanns Alfred Dreyfus wird, den die anwesende Menge empört als Verräter beschimpft, dann war dies wohl der berühmte Tropfen, der das Faß zum Überlaufen bringt. Fast unmittelbar danach entsteht 1896 der *Judenstaat*, das Gründungsdokument eines jüdischen Nationalwesens. Es ist eine moderne Lösung, die Herzl für das Dilemma jüdischer Existenz in der Diaspora entwickelt. Die noch so unverbrauchte Idee des ‚Nationalstaates' ist der zündende Gedanke seiner Zeit.

Beeinflußt und auf der Grundlage von jüdischen Denkern des 19. Jahrhunderts zu Fragen jüdischer Selbstemanzipation, jüdischem Nationalismus und der Idee eines politischen Zionismus ist es Theodor Herzl, der jetzt eine unmittelbare Verbindung herstellt zwischen dem anwachsenden Antisemitismus, der Notwendigkeit einer nationalen jüdischen ‚Heimstätte' – und den für ihre Entstehung notwendigen praktischen Schritten.

Vor dem Hintergrund seiner Zeit war die Analyse von Herzl durchaus schlüssig: Juden würden trotz Assimilation in keinem Land dieser Welt wirklich und auf Dauer Eingang und Integration finden, würden auch in aufgeklärt-liberalen Ländern ihre Legitimation als gleichberechtigte Bürger verlieren und deswegen nur in einem eigenen Staat auf Dauer überleben können. Auch wenn sein ‚Judenstaat' Palästina vor Augen hat, war es für Herzl weniger entscheidend, wo und an welchem Ort dieser Welt ein solcher Staat entstehen könnte – Hauptanliegen war, einen solchen Staat überhaupt zu etablieren! Einen eigenen Staat, der Zufluchtsstätte für Juden der ganzen Welt werden sollte.

Es ist seinem politischen Geschick und einem beispiellosen persönlichen Engagement zu verdanken, daß aus einer ‚Idee' des politischen Zionismus eine wirksame Organisationsstruktur wurde, über deren Aktivitäten der Weg hin zu einem jüdischen Staat konkrete Formen annehmen konnte. Eine sehr gelungene Multimedia-Präsentation des Museums im Eingang zum Herzl-Berg zeigt auf eindrucksvolle Weise, wie Herzl praktisch im Alleingang das Gerüst für einen zukünftigen Staat Israel zusammenschweißt. Im Alter von nur 44 Jahren bricht Theodor Herzl zusammen. Für die Gültigkeit von Herzls Verständnis der Wirklichkeit scheint die Shoah den dramatischen, abschließenden Beweis zu liefern, quasi als ein Stempel unter seiner Beschreibung der Zukunft von jüdischer Existenz in der Diaspora.

Die Shoah-Gedenkstätte Yad Vashem ist damit ein lebendig gehaltenes Zeugnis einer Weltsicht, die jüdische Existenz nur in einem sicheren und gesicherten eigenen Staatswesen begreifen kann und ihre Aktualität bis heute nicht wirklich verloren zu haben scheint. Damit ist die Gedenkstätte im heutigen israelischen Kontext nicht nur die Reflexion des schlimmsten Kapitels jüdischer Verfolgungsgeschichte, sondern auch unmittelbarer politischer Appell und ‚reminder' für die Tagesgegenwart, eine Folie für Interpretation der aktuellen Umstände. Dabei ist die Shoah eine allgegenwärtige, tagtäglich bewußte Möglichkeit.

Neurotisch? Vielleicht – wir können davon ausgehen, daß jedes Volk auf dieser Welt das eine oder andere nationale Trauma mit sich trägt. Unmittelbar mag uns das armenische Volk in Erinnerung kommen, das vor rund hundert Jahren vor seiner Vernichtung stand. Für Deutschland stellt vielleicht der Dreißigjährige Krieg ein solches Trauma dar. Derartige Traumata sind dann allerdings überwiegend einmalige historische Erfahrungen. Sie beschreiben Sonderfälle in den jeweiligen nationalen Erinnerungen. Sie sind die Ausnahmen gegenüber einer grundsätzlich als gesichert erfahrenen nationalen wie auch der persönlichen Existenz.

Um eine jüdisch-israelische Grunddisposition in Verbindung mit dem Thema Trauma und damit auch der Rolle Yad Vashems tiefer zu begreifen, müssen wir nachvollziehen, daß Verfolgung für das jüdische Volk keinen historischen Sonderfall darstellt. Existentielle Bedrohung ist in der kollektiven Erinnerung von Juden eben kein Ausnahmezustand, sie ist die Normalität. Und für den lebensbedrohenden Verfolger gibt es auch einen eigenen Namen, er ist *Amalek.* Unmittelbar nach ihrer Flucht aus Ägyptenland werden die Israeliten in der Sinai-Wüste von den Amalekitern angegriffen. Nur ein Wunder rettet sie vor der Vernichtung. Damit wurde *Amalek* Name für den Feind, der die physische Existenz des Volkes Israel bedroht. Und ‚Amaleks' gab es immer wieder, als Assyrer, Babylonier, Griechen, Römer, als Kreuzfahrer, Kosaken, als Hitler und Drittes Reich, als Saddam Hussein und Ahmadinejad. Wer mag als nächster diesen Titel tragen?

Wir können israelisches politisches Handeln nicht aus dieser historischen Erfahrung und seiner Übertragung in die aktuelle

Wirklichkeit herauslösen. Eine eben nicht selbstverständliche Existenz in dieser Welt ist dann auch die Folie für die Betrachtung sowohl des israelisch-palästinensischen Konfliktes wie auch der Einbettung Israels in der Region Nahost. Dabei schauen die Israelis durch die Brille von Verfolgung und Bedrohung, durch die Brille von Theodor Herzl und – Yad Vashems! Durch eine solche Brille erscheint die Welt grundstäzlich und der Nahe Osten im Besonderen als ein sehr gefährlicher Ort. Wohin schauen israelische Militärs, wohin schaut das Land, wenn es morgens aus dem Fenster blickt? Der Blick nach Südwesten zeigt ein Ägypten, daß sich mit einem ‚kalten Frieden' seit über 40 Jahren einer Annäherung der beiden Länder verweigert. Aus dem Gazastreifen heraus wird dem ‚zionistischen Gebilde' der Untergang angedroht. Im Libanon hat sich eine hochgerüstete Hisbollah fest etabliert, mit einer ‚raison d'etre', den Staat Israel wie einen Stachel aus dem islamischen Nahen Osten zu entfernen. Syrien, zerrissen von rivalisierenden ethnisch-religiösen Gruppen, ist Schauplatz internationaler Interventionen, darunter iranischer Streitkräfte auf den Golanhöhen. Weit entfernt und doch ganz nah entwickelt ein fundamentalistischer Iran weitreichende Raketen und droht, sich atomar zu bewaffnen. Seine anti-zionistische Rhetorik läßt Israel nicht unberührt. Und das haschemitische Königreich Jordanien gleich nebenan droht zu implodieren: Sozialer Unfrieden und akute wirtschaftliche Not machen es radikalen islamistischen Kräften zunehmend leichter, ihren Einfluß zu vergrößern. Gleichzeitig hat auch hier ein offizieller Frieden mit Israel nicht den Weg in die Herzen der Menschen gefunden.

Während in den letzten 70 Jahren der Begriff *Nahostkonflikt* in der westlichen Welt unmittelbar als ein Synonym für den israelisch-palästinensischen Konflikt verstanden wurde, ist diese Gleichsetzung durch den sogenannten *Arabischen Frühling* mehr als fragwürdig geworden. Die Aufstände und Bürgerkriege in Tunesien, Libyen, Ägypten und Syrien zeigen unmittelbar, daß es sich bei dem ‚Nahostkonflikt' um eine offenbar sehr breite regionale Konfliktzone handelt, was unter anderem eine Spätfolge der zynischen Kolonialpolitik des 20. Jahrhunderts ist. Wir erleben ein Aufbegehren in der Region, das sich in Auseinandersetzungen zwischen ethnisch, religiös oder politisch unterschiedlichen Gruppen, Stämmen und ganzen Völkern artikuliert. Die Grausamkeiten, wo autoritäre Herrscher die eigenen Bevölkerungen abschlachten und islamistische Fanatiker ihre Glaubensgeschwister ans Kreuz heften, lassen die Dimensionen des israelisch-palästinensischen Konfliktes in einem anderen Licht erscheinen ...

Auch eine über lange Jahre formulierte Kausalität, nach welcher der Konflikt zwischen Israel und den Palästinensern der Grund für den regionalen Unfrieden ist, seine Lösung die Befriedung der Region zur Folge haben wird erscheint sehr zweifelhaft. Wie sehr der israelisch-palästinensische Konflikt dann auch eher die Rolle eines politischen Nebenschauplatzes einnimmt, wird deutlich, wenn wir einen übergreifenden, regionalen Kontext in den Blick nehmen, innerhalb dessen die beiden Staaten Saudi-Arabien und Iran um eine hegemoniale Vormachtstellung ringen: Ausgestattet mit den gleichen, unheiligen Parametern von ungebremster religiös-politischer Exportwut und autoritären Regierungssystemen sind das Königshaus Saudi-Arabiens mit seinem wahabitisch-islamischen Fundamentalismus, wie auch die schiitischen Ayatollas des Iran in der Lage, an den unmittelbaren Interessen ihrer Bevölkerungen vorbei enorme Ressourcen für ihre regionale Großmachtpolitik einzusetzen. Bildlich gesprochen könnten wir den Nahen und Mittleren Osten fast als ein größeres ‚Marionettentheater' mit vielen Figuren beschreiben, zu denen Saudi-Arabien und der Iran die Fäden in den Händen halten. Deswegen scheint auch keines der Länder der Region in der Lage zu sein, wirklich autonom agieren zu können.

Vernichtungsdrohungen wie durch Saddam Hussein oder einen Ahmadinejad vor der Vollversammlung der Vereinten Nationen werden in Israel nicht einfach als arabische Rhetorik rezipiert – hatte es doch in jüngerer Vergangenheit in Europas Mitte schon einmal einen politischen Akteur gegeben, den nur wenige rechtzeitig ernst nahmen, und dessen ungeheuerliche Ankündigungen zu noch ungeheuerlicheren Folgen geführt hatten. Durch die israelische Brille sieht man Gefahr aus vielen Richtungen, die Toleranzschwelle liegt niedrig.

Deswegen gibt es auch weiterhin eine israelische Kontrolle des Westjordanlandes: Eine vielleicht theoretische, vielleicht auch ganz reale regionale Bedrohungssituation erklärt, warum Israel das Westjordanland bis heute als militärische Sicherheitszone behandelt. Die immer wieder verurteilten ‚Siedlungen' waren ursprünglich konzipiert als ‚Wehrdörfer' mit der Aufgabe, die ‚territoriale Faust' des Westjordanlandes, die die sogenannte Wespentaille Israels bedroht, militärisch zu sichern. Entsprechend werden die Palästinenser im Kontext eines größeren Szenarios gesehen, womit dann auch die Perspektive eines eigenen unabhängigen Palästinenserstaates unmittelbar in Verbindung mit den Entwicklungen in der Region begriffen wird.

Zum Rückgrat einer solchen Sicherheitspolitik wurden national-religiös motivierte Siedler, die sich allerdings über ein ursprünglich militärisch-sicherheitspolitisches Anliegen des Staates hinaus sehr schnell verselbständigten und die Besiedlung der biblischen Gebiete Judäa und Samarien zu einem national-religiösen Projekt erweiterten, das in breiten Kreisen Israels und seines politischen Establishments zunehmend Unterstützung fand. Nichtsdestotrotz werden die sicherheitspolitischen Gründe in der israelischen Öffentlichkeit weiterhin als die Basis für die Rechtfertigung der fortgesetzten Siedlungspolitik verstanden – und damit auch einer fortdauernden Besatzungspolitik mit einer weitgehenden Kontrolle auch über die palästinensische Autonomiebehörde.

Eine Normalisierung in den Beziehungen Israels mit verschiedenen arabischen Staaten könnte bedeuten, daß die Bedrohung aus der nahen arabischen Welt als Argument für die militärische Kontrolle über das Westjordanland hinfällig würde. Und nicht nur das: Durch sich vertiefende diplomatische und dann auch wirtschaftliche Beziehungen zwischen Israel und arabischen Ländern würden diese ein sicherlich stärkeres Einspruchsrecht für den israelisch-palästinensischen Konflikt gewinnen als es während der langjährigen Verweigerungsfront der arabischen Welt gegenüber Israel der Fall war.

Bis dahin und in dem gegenwärtigen regionalen Kontext bleibt Sicherheit allerdings weiterhin das oberste Glaubensaxiom Israels. Und wer immer sich in den israelisch-palästinensischen Konflikt hilfreich einbringen will, wird diesem existentiellen Grundanliegen Rechnung tragen, wird überzeugende Antworten zum Thema Sicherheit geben müssen.

Ein gängiger Spruch sagt: *„Wenn die Araber ihre Waffen niederlegen würden, gäbe es Frieden. Wenn Israel die Waffen niederlegt, gäbe es kein Israel mehr."* Das muß man nicht so sehen. Es ist allerdings die Brille, durch welche in Israel die Wirklichkeit überwiegend wahrgenommen wird.

Yad Vashem und Massada, die beiden Seiten der gleichen Münze! Und Yad Vashem hält weiterhin einen warnend erinnernden Finger nach oben …

ENGAGEMENT FÜR DEN ISRAELISCH-PALÄSTINENSISCHEN KONFLIKT

„Wir empören uns!"

Das internationale und häufig auch sehr persönliche Engagement für den israelisch-palästinensischen Konflikt ist auffällig und außergewöhnlich. Starke Emotionen schlagen hoch, wenn es um entweder Israel oder die palästinensische Sache geht, und das in einer Intensität, wie wir sie in dieser Form von kaum einem anderen Konflikt auf dieser Welt zu kennen scheinen. Dabei fehlt es durchaus nicht an weiteren, oft blutigeren Konfliktherden, die unsere Solidarität, unser Mitgefühl, unser Engagement einfordern könnten. Wie erklären wir diese Sonderstellung des israelisch-palästinensischen Konfliktes im Gefühlshaushalt der Weltöffentlichkeit?

Sicherlich besteht ein unbestimmtes, weithin ungutes Gefühl in der Erinnerung an eine Mitverantwortung der Welt für die Shoah. Ein Gefühl, das uns auch mit der Anschlußgeschichte, dem jüdischen Staat und seinem Schicksal, weiter verbindet. Bei dieser Erinnerung nehmen wir dann auch dunklere Seiten dieser jüdischen staatlichen Wirklichkeit mit besonderem Interesse zur Kenntnis.

Erwähnt worden war die theologisch-moralische Dimension: Wie sollen wir damit umgehen, daß diese Juden, nach christlicher Verkündigung von Gott fast 2000 Jahre lang mit Heimatlosigkeit gestraft für ihren Unglauben gegenüber dem in die Welt gekommenen Heiland und Messias Jesus Christus, nun doch wieder unter dem eigenen Weinstock und in einem eigenen Staatswesen angekommen waren? Und wenn jetzt dieser jüdische Staat Israel wirklich mit einem Handeln Gottes in der Geschichte zu tun haben sollte, das ‚auserwählte Volk' tatsächlich von Gott in seine biblische Heimat zurückgeführt worden war, bedeutet dies für Juden dann nicht auch eine besondere Verantwortung? Eine besondere Ethik, eine besondere Moralität? Kritisch wachsame Augen liegen auf diesem Staat, sein Umgang mit den Palästinensern wird zum Fieberthermometer einer aufmerksamen christlichen Weltöffentlichkeit. Die Folge ist einmal begeistertes, mal kritisches, oft auch enttäuschtes, aber ein stets besonderes Interesse für Israel, die Palästinenser und damit auch den israelisch-palästinensischen Konflikt.

Eine dritte Ebene könnte wesentlich prosaischer begründet sein. Die westliche Welt hatte über viele Jahrzehnte mit oft fürchterlichen Potentaten der arabischen Welt kooperiert, mit Diktaturen und Autokraten, die ihre eigenen Bevölkerungen mißhandelten und arm hielten. Die Abhängigkeit von den Ressourcen der Region, von Erdöl und Gas, hatte uns zu willigen

Geschäftspartnern von Ländern wie Saudi-Arabien, Libyen, den Golfstaaten, Irak und dem Iran werden lassen, Staaten, deren Menschenrechtspolitik uns hätte empören müssen. Stattdessen Waffenlieferungen an reiche Ölländer – bis hin zu der demütigenden Unterwerfung unter einen arabischen doppelten Boykott gegenüber Ländern, die mit Israel Handel trieben. Die Zwänge der rohstoffabhängigen Industrienationen waren immer stärker als das Gewissen. In die Region Nahost wurde erst eingegriffen, als der Irak das rohstoffreiche Kuwait besetzte!

Deswegen ist die internationale Aufmerksamkeit und das hohe emotionale Engagement in dem Konflikt zwischen Israel und den Palästinensern – dem einzigen Konflikt, in dem keine lebenswichtigen Ressourcen auf dem Spiel stehen – tatsächlich auffällig.

Gelegentlich wird der Verdacht geäußert, daß es für die Palästinenser vielleicht ein Glück war, mit Israel und nicht einem arabischen Land im Konflikt zu stehen, denn sie hätten sonst nie die gleiche Aufmerksamkeit erhalten. Vielleicht ist das eine Übertreibung. Gleichzeitig läßt sich nicht völlig der Eindruck vermeiden, daß es bei dem Engagement für Nahost vielleicht wirklich weniger um die palästinensische Sache selbst zu gehen scheint als vielmehr um den Staat Israel, dem die westliche Welt aus so unterschiedlichen Gründen besonders ambivalent gegenübersteht. Das könnte möglicherweise auch erklären, warum die Unterdrückung und völlige Rechtlosigkeit der gleichen Palästinenser im Libanon, in Syrien und anderen Staaten der Region die Welt gar nicht oder zumindest nur sehr gering zu berühren scheint...

DIE WEISHEIT DER SIBYLLE

„Israelis und Palästinenser müssen doch irgendwann aus ihrer Opferrolle herausfinden. Und irgendwann muß dann auch dieser unselige Konflikt ein Ende haben.

Das kann doch nicht ewig so weitergehen!"

Eine Legende aus dem römischen Sagenkranz erzählt die Geschichte von der Wahrsagerin, einer Sibylle, die dem Senat von Rom neun Bücher mit kostbaren Orakelsprüchen zum Kauf anbietet – zu einem astronomisch hohen Preis. Der Senat lehnt ab, woraufhin die Frau drei der Bücher verbrennt, um die übrigen sechs Bücher zum gleichen Preis erneut anzubieten, was dem Senat aber weiterhin zu teuer ist. Sie verbrennt nochmals drei Bücher und die drei letzten Bücher haben immer noch den Preis des ersten Angebots. Jetzt wacht der Senat auf und kauft die verblieben drei Bücher für den vollen Preis...

Ob diese Geschichte etwas mit dem israelisch-palästinensischen Konflikt verbindet – wo der Preis der immer gleiche bleibt für immer weniger Ergebnis? Welche Rolle spielen dabei die Palästinenser, welche die Israelis? Oder lassen sich beide Seiten in beiden Rollen wiederfinden? Verpassen hier nicht alle ganz viel, weil sie nicht rechtzeitig den vollen Betrag zu zahlen bereit waren?

Der hohe Preis, den der Staat Israel weiterhin nicht zu zahlen bereit scheint, wäre das Aufgeben der Siedlungspolitik. Dabei sprechen wir nicht von der Besatzung bzw. der Kontrolle dessen, was wir heute als palästinensische Gebiete bezeichnen. Die Besatzungspolitik als solche ist erklärbar und hat ihre eigene Rechtfertigung unter den politischen Bedingungen der Region. Es ist eine Rechtfertigung, die nicht jeder für sich akzeptieren muß, die aber in ihrer Axiomatik zumindest nachvollziehbar erscheint. Und dabei entscheidend – eine Besatzung oder militärische Kontrolle ist von ihrem Wesen her provisorisch und auf ihre Aufhebung hin gedacht!

Das gilt nicht für eine Siedlungspolitik. Über inzwischen mehrere Jahrzehnte wurden und werden jüdische Menschen in einen völkerrechtlich umstrittenen Raum, das Westjordanland, geführt und angesiedelt. Diese Menschen haben Kinder und Enkel und Großenkel, welche die entsprechenden Gebiete schon lange nicht mehr nur als einen Siedlungsraum betrachten, sondern – als Heimat! Wer als Jude im Westjordanland geboren und aufgewachsen ist, kann dieses gar nicht anders als seine Heimat begreifen. Über einen längeren Prozeß hinweg entstehen so schwer umkehrbare Fakten. Die Vorstellung von einem unabhängigen palästinensischen Staat wird dabei zunehmend nicht nur zu einem politischen Problem, sondern auch zu einem moralischen Dilemma: Ab welchem Zeitpunkt würde es zu einem zweiten, neuen Unrecht, jüdische Menschen aus ihrer Heimat zu entfernen, um dem Volk der Palästinenser eine eigenstaatliche Heimat im Westjordanland zu ermöglichen?

Die Siedlungspolitik führt den Staat Israel in eine ‚Einstaatenlösung' hinein, mit noch kaum vorhersehbaren Folgen. Die territoriale Verbindung, die wirtschaftliche und soziale Verflechtung des Kernlandes Israels mit dem Westjordanland droht ganz unmittelbar dahin zu führen, daß Israel auf Dauer kein jüdischer Staat mit einer jüdischen Bevölkerungsmehrheit bleiben kann. Und es ja vielleicht auch gar nicht bleiben will oder bleiben muß. In jeder denkbaren Konstellation wäre es dann sinnvoll, die sozialen, politischen, demographischen und durchaus auch weitreichenden ökonomischen Implikationen vorauszudenken. Eine ‚Einstaatenlösung' würde den Staat Israel jedenfalls seine jüdische Mehrheit und unter Umständen auch seine demokratische Verfassung kosten.

Ein Verzicht auf Siedlungspolitik und Einstaatenlösung – wird Israel diesen teuren Preis für die verbliebenen drei Bücher der Sibylle bezahlen?

Auch die Palästinenser scheinen noch nicht bei den ‚drei letzten Büchern' angekommen, zur Zahlung der vollen Summe bereit zu sein: Über die vergangenen mehr als 70 Jahre ist die Zahl der 650.000 – 750.000 Menschen, die zwischen 1947 und 1948 ‚geflohen und geflohen worden' sind, auf über sechs Millionen Menschen angewachsen. Davon sind über vier Millionen Palästinenser als Flüchtlinge bei der *UNRWA*, einer eigenen Flüchtlingshilfeorganisation der Vereinten Nationen, registriert. Der Sonderzustand eines vererbbaren Flüchtlingsstatus für Palästinenser führt zu der tragischen Situation, daß palästinensische Menschen von Generation zu Generation eine Identität weitergeben, der zufolge Heimat nicht dort ist, wo sie heute und seit Generationen leben, sondern in einem anderen, fernen und doch ganz nahen Lande, das einmal ihre Heimat war und – wieder werden soll! Aus diesem Status wird ein Recht auf Rückkehr abgeleitet, zu Orten, die heute seit Generationen Teil des Staates Israel sind.

Zwei Forderungen gegenüber Israel stehen im Raum: Zum einen die Stiftung eines eigenen, unabhängigen palästinensischen Staates, und gleichzeitig auch ein Recht der palästinensischen Flüchtlinge auf Rückkehr in ihre frühere Heimat, das ‚Rückkehrrecht'.

Das eine scheint das andere auszuschließen. Die Perspektive einer – vielleicht auch nur theoretischen – Einwanderung von Millionen palästinensischer Menschen ist für den Staat Israel nicht vorstellbar. Mit der Entstehung eines palästinensischen Staates verbindet Israel den Zustand eines ‚end of conflict', bei dem es keine weiteren Ansprüche an Israel mehr gibt.

Ein Verzicht auf das Rückkehrrecht – werden die Palästinenser ihren vollen Preis für die verbliebenen drei Bücher bezahlen?

SOCHROT, DAHEISHE UND DER ‚GERECHTE FRIEDEN'

„Eigentlich gibt es das ja gar nicht, einen ‚gerechten Frieden', oder?! Denn entweder habe ich Frieden, dafür muß im Allgemeinen wohl der Schwächere mit Verzicht bezahlen, oder ich habe Gerechtigkeit, wo Schaden und Gewinn zwischen den Parteien ausgeglichen wird."

Der Schlüssel für Versöhnung liegt in der Anerkennung des Leides der anderen Seite. In dem Bewußtsein, daß der eigene Schmerz nicht weniger gültig wird, wenn wir dem Schmerz des anderen Gültigkeit zusprechen. Dazu gehört auch das Benennen von eigener Mitverantwortung für den Schmerz des anderen, ohne dabei Angst haben zu müssen, daß ein solchen Benennen eigene Ansprüche relativiert.

Juden und Palästinenser werden sich dabei eingestehen müssen, daß sie fast zeitgleich eine traumatische historische Erfahrung gemacht, beide durch eine ‚Katastrophe' gegangen sind, die ihr kollektives Bewußtsein grundsätzlich geprägt haben. Und damit auch ihren jeweiligen Zugang gegenüber der Welt. Gegenwärtig stehen sich Israelis und Palästinenser nicht nur in dem Gefühl gegenüber, daß die andere Seite ihre unmittelbare physische Existenz bedroht, sondern auch, daß die eigene tiefe Angst und Verletzung von der anderen Seite weder gesehen noch gewürdigt wird.

Zum gegenwärtigen Zeitpunkt wagen es weder Palästinenser noch Israelis, eine eigene Schuld oder auch nur Mitverantwortung für die Lebenssituation der anderen Seite auszusprechen. Vielmehr verharren beide in Schuldzuweisungen, in der Sorge, durch Bekennen eigenen Versagens Ansprüche zu verlieren, die für kostbar gehalten werden.

Auf israelischer Seite hat sich nach vielen Jahren der Verweigerung das Narrativ verändert. Wenn über die ersten Jahrzehnte des jungen Staates Israel davon gesprochen wurde, daß die Mehrheit der arabischen Einwohner in den Kriegswirren 1947/48 einfach geflohen waren, hat sich seit einiger Zeit und durchaus in breiten Kreisen doch die Erkenntnis durchgesetzt, daß viele dieser Menschen aus ihren Orten und Dörfern teilweise eben doch auch vertrieben worden sind. Mit einem solchen Verständnis bemüht sich beispielsweise die Organisation Sochrot („sie erinnern sich") seit einer Reihe von Jahren, die ursprünglichen Namen von Straßen und Orten, in denen vormals arabische Menschen lebten, wieder hervorzuholen und sichtbar zu machen ...

Für eine Beschreibung der eigenen Rolle und Fehler in dem 1947/48-Debakel ist es in der palästinensischen Gesellschaft vielleicht noch zu früh – und für die faktischen Verlierer in dem Konflikt möglicherweise auch eine unmittelbare Überforderung, sich für die eigene Misere mitverantwortlich zu begreifen. Gleichzeitig wächst in bestimmten Kreisen innerhalb der palästinensischen Gesellschaft ein Bewußtsein dafür, daß eine Verständigung mit Israel nur über das Verstehen des größten jüdischen Traumas, der Shoah, möglich sein wird. Stellvertretend kann hier Professor Mohammad Dajani genannt werden, der im Rahmen eines gemeinsamen Projektes mit der Friedrich-Schiller-Universität Jena und der Ben-Gurion Universität Beer Sheva im März 2014 eine Gruppe von 27 palästinensischen Studenten der Jerusalemer Al-Quds Universität nach Auschwitz brachte. Dieses Projekt faßt vielleicht zusammen, worum es eigentlich gehen müßte, nämlich das Leiden transparent zu machen, welches das historische Bewußtsein der jeweils anderen Seite geprägt hat. Parallel zu dem Besuch der arabischen Studenten in Auschwitz besuchten jüdisch-israelische Studenten das palästinensische Flüchtlingslager Daheishe bei Bethlehem.

Israel war das Privileg vergönnt, ein staatliches jüdisches Gemeinwesen entstehen zu lassen, welches – über die immer wieder lebendige Erinnerung an die Shoah hinaus – einen enormen Fortschritt, eine ‚Lebensleistung' anzubieten hat, die sich eindrucksvoll neben die Tragik der Shoah stellen läßt. Palästinenser haben noch keinen Staat, und es bleibt ihnen zu wünschen, sich eines Tages auch innerhalb eines solchen eigenen, unabhängigen Gemeinwesens eine palästinensische Identität aufbauen zu können, die über eine Leidenserfahrung hinausweist und ebenfalls auf Leistung, Erfolg und Zukunftsgestaltung basiert.

Zugunsten einer besseren Zukunft werden sich jüdische Israelis und Palästinenser eines Tages auch über die Geburtsstunden ihres Konfliktes gegenseitig Rechenschaft ablegen. Fehler und Verfehlungen, die vielleicht falschen Entscheidungen, welche die Zeit zwischen 1947 und 1948 geprägt haben, wollen offen angesprochen werden.

Dazu gehört gleichzeitig der Blick nach vorn. Der israelisch-palästinensische Konflikt wird sich kaum auf einen Ausgangspunkt zurückdrehen, seine Folgen sich nicht einfach umkehren lassen. Geschichtliche Entwicklungen sind ein fortschreitender dynamischer Prozeß, weswegen der Konflikt aus der Betrachtung des heute, hier und jetzt Möglichen gelöst werden will. Das wäre dann auch der immer wieder genannte und oft falsch verstandene ‚gerechte Frieden', basierend auf Anerkennung von zugefügtem Leid und Vergebung von erfahrenem Leid – und dem Willen, aus dem Heute heraus für die Zukunft zu handeln!

ABSTRAKTION UND GEDENKSTÄTTENPÄDAGOGIK

„Die Bilder von den Schrecken des Dritten Reiches und der Shoah haben wir einfach schon zu oft und tausendmal in Büchern und Filmen gesehen. Wie oft kann man sich das antun, ohne irgendwann einfach abzuschalten?"

Ein etwa 15 Minuten dauernder Weg führt zum *Tal der Gemeinden*, das für die jüngste Etappe gelungener Gedenkstättenpädagogik Yad Vashems steht und Anfang der 90er Jahre des letzten Jahrhunderts entstanden ist.

Auf halber Strecke zu dem Tal der Gemeinden befindet sich ein Viehtransportwaggon der *Deutschen Reichsbahn*, ein Geschenk der polnischen Regierung. Bis zu 100 Menschen wurden in einen solchen Waggon gesperrt, die Züge teils über Wochen durch Europa bis zu den Vernichtungslagern gefahren. Aufgrund der Bedingungen im Inneren dieser Wagen erreichten selten mehr als die Hälfte der Insassen lebend das Ende der Reise.

Wenn wir das hochorganisierte industrielle Morden des nationalsozialistischen Vernichtungssystems beschreiben, dürfen wir dabei nicht vergessen, daß ohne die Effizienz eines entsprechenden Transportwesens eine solche Massenvernichtung technisch kaum durchführbar gewesen wäre. Die vergleichsweise genauen Zahlen für die in der Shoah ermordeten Juden beruhen unter anderem auf den detaillierten Aufzeichnungen der Deutschen Reichsbahn, die eingesetzten Wagen wurden penibel für die Reichsregierung abgerechnet.

Die gigantisch aufeinandergetürmten Steinblöcke im Tal der Gemeinden stiften die Illusion einer Landschaft in der judäischen Felsenwüste. An einzelnen alleinstehenden Wänden sind in hebräischen und lateinischen Buchstaben die Namen der großen jüdischen Gemeinden Europas eingraviert. Auf anderen Wänden sind Gruppen von Ortsnamen gebündelt, mittlere und kleinere Gemeinden werden hier zusammengefaßt. Das Areal ist aufgeteilt in Länder, und ein Blick aus der Vogelperspektive würde zeigen, daß hier die politische Landkarte Europas nachvollzogen wurde. Auf insgesamt 107 Wänden finden sich die Namen von über 5.000 ausradierten Gemeinden.

Die ästhetische Schlichtheit des Tals der Gemeinden ist überwältigend. Einziger Hinweis auf den traurigen Anlaß sind eben diese Namen an den Wänden. Jeder Name steht für einen Ort in Europa, in dem es bis 1939 eine jüdische Gemeinde gegeben hatte – und mit Kriegsende 1945 erst einmal nicht mehr …

Wie schon bei der Kindergedächtnisstätte können wir uns im Tal der Gemeinden noch einmal die fast unmögliche Herausforderung an Gedenkstätten bewußt machen: Wie läßt sich ein eigentlich Unfaßbares darstellen? Und was geschieht, wenn wir es dennoch versuchen? Welche Wirkung hat eine visuelle

Konfrontation mit den zum Teil so schrecklichen Bildern, wie sie ein Museum anbietet?!

Unmittelbar sind wir schockiert. Mittelbar setzt allerdings eine vorsichtige Gewöhnung ein und irgendwann verlieren die Bilder tatsächlich ihre Gewalt über uns. Wir können mit ihnen leben, weil sie von unserer Phantasie als ‚bekannt' weggeordnet werden. Und vielleicht ist das auch gut und gesund so, denn wir können nicht jedes Grauen und Leid immer und fortgesetzt an uns heranlassen. Ohne einen solchen Selbstschutz würden wir das Leben nicht überleben.

Gleichzeitig gilt das Lied von Wolf Biermann mit den Zeilen „*Du, laß Dich nicht verhärten, in dieser harten Zeit! Die allzu hart sind, brechen, die allzu spitz sind, stechen und brechen ab sogleich.*" Das bedeutet, daß wir trotz allen Selbstschutzes auch die emotionale Provokation brauchen – das kleine Fenster, das wir aufmachen und durch das hindurch wir uns berühren lassen, um nicht ‚zu verhärten'.

Entsprechend steht eine Gedenkstätte vor der Herausforderung, immer wieder neu nach solchen kleinen Fenstern zu suchen, um ihre Botschaft lebendig zu halten gegen visuelle Abnutzung und Gewöhnung. Das vielleicht wirkungsvollste Instrument dafür ist die Abstraktion. Sie wirft uns zurück auf unsere eigene Phantasie. Die Wirkung eines abendlichen Hitchcock-Thrillers liegt dann auch nicht in der brutalen Szene, sondern in der Andeutung der bevorstehenden Gewalt – und die Nacht ist gelaufen ...

Die Kindergedenkstätte leistet das mit ihren ins Unendliche reflektierten Gedenkkerzen. Damit ist alles und noch viel mehr gesagt! Auf ähnliche und gleichzeitig völlig andere Weise wird im Tal der Gemeinden die Auslöschung der jüdischen Gemeinwesen Europas in die Verantwortung der eigenen Phantasie gestellt, die jetzt selber die Unfaßbarkeit ausfüllt.

Es ist faszinierend zu erleben, wie Erwachsene, Kinder und Jugendliche im Tal der Gemeinden losziehen und neugierig nach den Namen von vertrauten Orten zu suchen. Und sie meistens auch finden, um dann völlig überrascht zu begreifen, daß es auch in ihrer Heimatstadt, ihrem Heimatort, den Wohnorten ihrer (Ur)Großeltern oder Familien jüdische Menschen gegeben hatte. ‚Ach nein, dann gab es ja auch bei uns Juden!', ist ein Satz, der in Variationen regelmäßig zu hören ist. Das abstrakte Thema *Shoah* wird für viele hier vielleicht zum ersten Mal heruntergebrochen auf das persönlich erfahrene Umfeld der eigenen unmittelbaren Heimat...

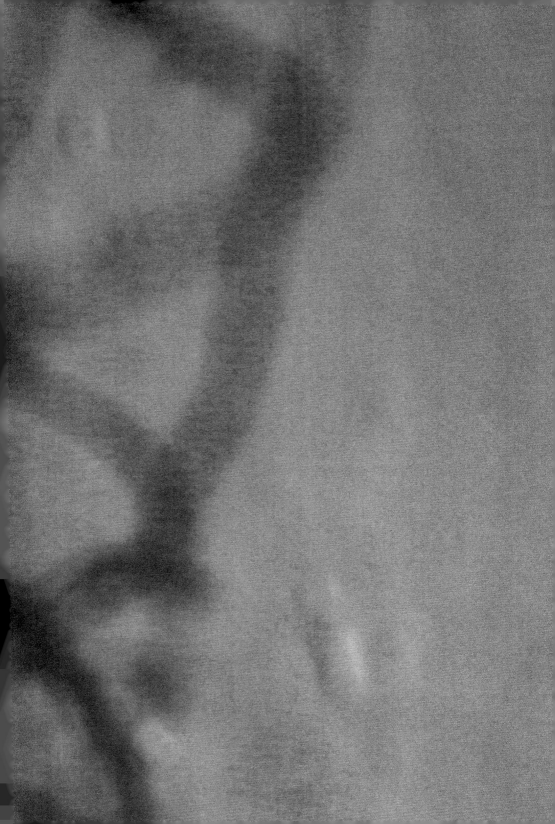

SINGULARITÄT DER SHOAH?

„In Yad Vashem erinnern wir die sechs Millionen ermordeten Juden. Aber im 20. Jahrhundert gab es ja doch eine ganze Serie von Völkermorden! Die Herero und Nama-Stämme in Südafrika, die Armenier, die Menschen in den Gulags bis hin zu den Tutsis in Ruanda. Und sicherlich waren das nicht die einzigen ..."

In den 1980er Jahren des letzten Jahrhunderts gab es in Westdeutschland den sogenannten *Historikerstreit*. Es war eine zeitgeschichtliche Debatte zwischen 1986 und 1987, ausgelöst durch die Überlegung des Historikers Ernst Nolte, ob die Shoah durch den (ungestraften) Massenmord an den Armeniern im osmanischen Reich und dem millionenfachen Morden in der ehemaligen UdSSR inspiriert worden sei. Die Debatte wuchs schnell über ihre unmittelbare Ausgangsfrage hinaus: Besteht eine Vergleichbarkeit der Shoah mit anderen Völkermorden, Genoziden des 20. Jahrhunderts? Wie sehen wir die Shoah im Spiegel der Unterdrückung und Abschlachtung der Herero und Nama in Deutsch-Südwestafrika und damit des ersten, erst sehr spät als solchem anerkannten Genozids des 20. Jahrhunderts? Wie sehen wir sie im Vergleich zu dem kurz darauf verübten Genozid an den Armeniern, dem staatlich gelenkten Verhungern von sieben Millionen Kulaken in der Ukraine, dem Sterben in den Gulags, den Erschießungen in den ‚killing fields' Kambodschas, dem großen Hungern in Biafra, dem Völkermord an den Tutsis in Ruanda, den ‚ethnischen Säuberungen' auf dem Balkan …?

Für einen Vergleich müssen wir zwei Aspekte näher untersuchen, die den Mord an dem jüdischen Volk, die Shoah, unmittelbar als eine ‚Episode' in der Serie der Genozide des 20. Jahrhunderts erscheinen lassen könnten:

Da ist einmal die Methode des Mordens: Die Erinnerung an das Dritte Reich fokussiert überwiegend auf die Durchführung seiner Vernichtungspolitik. Dabei wird besonders die systematische und ‚industrielle' Vergasung in den Vernichtungslagern als eine völlig neue Dimension des Mordens hervorgehoben und oft als die eigentliche Besonderheit, das ‚Proprium' der Shoah verstanden. Hier läßt sich fragen, ob es wirklich weniger fürchterlich ist, innerhalb weniger Wochen fast eine Million Tutsis unmittelbar mit Äxten und Macheten umzubringen, wenn Armenier in ihren Dörfern mit Säbeln massakriert oder zum Verhungern in die syrische Wüste geschickt wurden. So schrecklich die verschiedenen Formen der Massenmorde jeweils gewesen sind – das Leiden und die Abschlachtungen verschiedener Volksgruppen im 20. Jahrhundert unterscheiden sich in ihrer Brutalität und Grausamkeit nur wenig voneinander. Eine Vergleichbarkeit mit der Shoah liegt also nahe.

Ein zweiter Blick schaut auf die unvorstellbaren Zahlen: sechs Millionen ermordete Juden! Allerdings starben in den Gulags mehr Menschen, und auch die sieben Millionen verhungerten Kulaken liegen über der Opferzahl der Shoah. Und selbst die ‚nur' ca. 1,5 Millionen ermordeten Armenier stehen für eine Dimension des Sterbens, die einfach unfaßbar erscheint.

Sind also das ‚Wie' der industriellen Vernichtung wie dann auch das ‚Wieviel' der rund sechs Millionen ermordeten Juden wirklich überzeugende Abgrenzungsmerkmale, um über eine Singularität der Shoah nachzudenken? Wenn wir Zahlen und Methode zum Kriterium erheben, werden wir die Vernichtung der Juden in Europa in der Verantwortung des Dritten Reiches wohl tatsächlich als ein weiteres trauriges Kapitel unter vielen des Jahrhunderts der Völkermorde einordnen müssen.

Für den unmittelbaren Anlaß des *Historikerstreits* können wir heute davon ausgehen, daß Hitler offenbar tatsächlich den Völkermord an den Armeniern zum Vorbild genommen hat, wenn er am 22. August 1939 auf dem Obersalzberg vor Wehrmachtsgenerälen den Satz äußert „*Wer redet heute noch von der Vernichtung der Armenier?*" Auch wenn es bei dieser Gelegenheit nicht um die Vernichtung von Juden ging, sondern darum, seine Generäle eine Woche vor dem Angriff auf Polen auf eine gnadenlose Ausrottungspolitik gegenüber dem polnischen Volk einzuschwören, war die anschließende Vernichtung des europäischen Judentums mit Sicherheit von dem gleichen Gedanken inspiriert, daß die Welt nur ein kurzes Gedächtnis hat ...

Es gibt unterschiedliche Meinungen dazu, über welchen militärischen wie ideologischen Prozeß Nazi-Deutschland zu dem Punkt kam, eine ‚umfassende Endlösung' zu beschließen. War die *Endlösung* von Anfang an geplant oder handelte es sich um einen längeren und schleichenden Prozeß im Rahmen eines Eroberungskrieges? Jedenfalls spätestens am 31. Juli 1941, unmittelbar nach dem Angriff auf die Sowjetunion am 22. Juni 1941, beauftragte Reichsmarschall Hermann Göring den Chef des Reichssicherheitshauptamtes und Chef der Sicherheitspolizei und des Sicherheitsdienstes, Reinhard Heydrich, mit der Gesamtorganisation der *Endlösung der Judenfrage*. Die anschließende, später so benannte Wannseekonferenz in Berlin unter Beteiligung von 15 hochrangigen Vertretern der nationalsozialistischen Reichsregierung und den SS-Behörden diente dann nur noch dazu, diese beschlossene Massenvernichtung im Detail zu organisieren und die beteiligten Einrichtungen zu koordinieren. Protokollführer war Adolf Eichmann.

Die Völkermorde des 20. Jahrhunderts lassen sich grundsätzlich mit dem so schrecklichen Euphemismus ‚ethnische und politische Säuberungen' beschreiben, was einfach bedeutet, daß eine überlegene Gruppe ihre Machtmittel einsetzte, um eine andere, unerwünschte Gruppe gewaltsam aus ihrer Mitte zu entfernen, mit dem Ziel, eine politische, gesellschaftliche, religiöse oder ethnische Homogenität innerhalb des eigenen Territoriums zu erreichen. Wenn die jungtürkische Regierung verschiedene Minderheiten, insbesondere ihre armenischen Einwohner ‚eliminierte', dann tat sie das in den Grenzen des ottomanischen Reiches. Kein Jungtürke wäre auf die Idee gekommen, militärische Kommandos in Länder außerhalb ihres Herrschaftsbereiches zu schicken, um auch dort Exil-Armenier ermorden zu lassen. In den Gulags starben sowjetische ‚Regimefeinde', Pol Pot mordete in Kambodscha, die Hutus die Tutsis in Ruanda und eben nur in Ruanda.

Daraus ergibt sich eine Besonderheit, über die wir doch eine Singularität der Shoah beschreiben können: Nachdem Nazi-Deutschland seine Rassenpolitik mit einer *Endlösung* für das jüdische Volk formuliert hatte, ging es bald nicht mehr allein darum, Juden aus einem von Deutschland eroberten oder kontrollierten Europa zu entfernen. Wenn Vertreter Nazi-Deutschlands die japanischen Eroberer in China dazu bringen wollten, jüdische Flüchtlinge dort umkommen zu lassen, weist das über einen europäischen Rahmen für den Vernichtungswillen Nazi-deutschlands weit hinaus. In Algerien, Tunesien und Marokko richtet das von Deutschland gesteuerte Vichy-Regime Konzentrationslager ein für Juden. Algerische Juden wurden in die Vernichtungslager Osteuropas transportiert und umgebracht. Am 12. Dezember 1941, unmittelbar nach der Kriegserklärung an die USA, hält Hitler eine Rede an die Gau- und Reichsleiter der *NSDAP*, die sich als Eintragung in dem Tagebuch von Joseph Goebbels findet:

„Bezüglich der Judenfrage ist der Führer entschlossen, reinen Tisch zu machen. Er hat den Juden prophezeit, daß, wenn sie noch einmal einen Weltkrieg herbeiführen würden, sie dabei ihre Vernichtung erleben würden. Das ist keine Phrase gewesen. Der Weltkrieg ist da, die Vernichtung des Judentums muß die notwendige Folge sein. (...)"

Das ist der ideologische Übergang von der ursprünglich angedrohten ‚Vernichtung der jüdischen Rasse in Europa' zu der Vorstellung von einer Vernichtung der jüdischen Menschen auf dieser Welt.

Die grundsätzliche Ausrottung der jüdischen Rasse als solcher war damit ein eigenes ideologisches Kriegsziel des Dritten Reiches, dem im Vollzuge andere Ziele und sogar unmittelbare militärische Interessen untergeordnet wurden. Die Shoah, die Vernichtung des jüdischen Volkes, läßt sich damit offenbar nicht im Sinne des erwähnten Historikerstreites als ein weiteres Beispiel für Genozide in der Gestalt ‚ethnischer Säuberungen' des 20. Jahrhunderts einordnen, sondern muß wohl tatsächlich als das bisher einzige Vernichtungsprojekt in der Geschichte gesehen werden, bei dem ein Volk weltweit und grundsätzlich in seiner physischen Existenz ausgelöscht werden sollte.

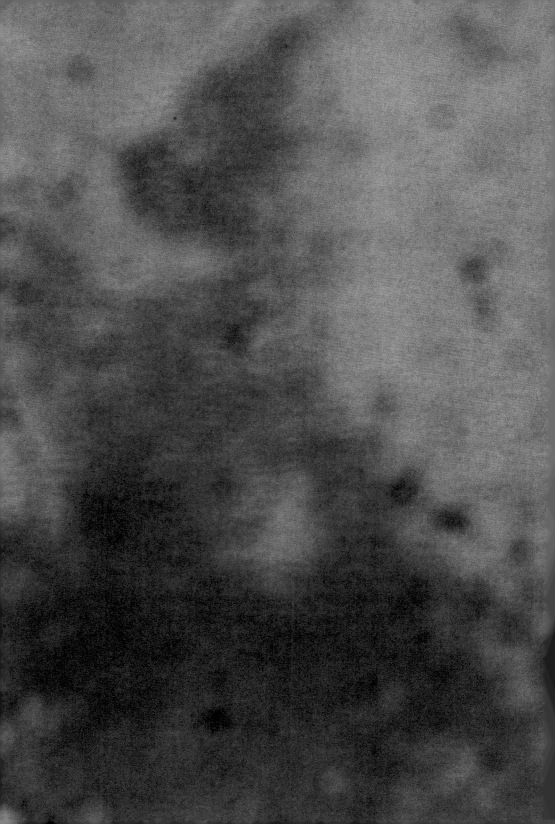

EIN SOMMER-MÄRCHEN

„Gefühlserbschaft und Fußball ..."

In unterschiedlichen Zusammenhängen, ob bei lautstarken Stammtischdiskussionen oder in redlicher pädagogischer Auseinandersetzung, wird immer wieder erneut diskutiert, ob überhaupt – und wenn ja, warum eigentlich – wir die Shoah und das Dritte Reich erinnern sollen? Haben beide wirklich noch etwas mit uns zu tun? Die Frage besteht erst einmal zurecht.

Eine Antwort brauchen wir allerdings gar nicht lange zu suchen – Shoah und Drittes Reich bringen sich uns regelmäßig und auf höchst subtile Weise selber in Erinnerung, über den Umweg eines biblischen Satzes, der leicht falsch verstanden werden kann, und doch unendlich tiefsinnig und richtig ist: *der die Schuld der Väter heimsucht an den Kindern, an der dritten und vierten Generation.* (Exodus 34, 7).

‚Moment mal – Schuld ist immer persönlich! Und wir waren Kinder oder sind überhaupt erst nach dem Krieg geboren!', mag darauf völlig zu Recht entgegnet werden. Keine Schuld der Kinder und Enkel!

Allerdings ist der biblische Satz nicht juristisch gemeint. Der Gedanke von der ‚Sühne einer Schuld bis in die dritte und vierte Generation' ist eine urmenschliche Erfahrung und offenbar zu verstehen als die Beschreibung der Auswirkungen, die unser Erleben auf nachkommende Generationen hat.

In der Psychoanalyse wird hier von einer ‚unbewußten Weitergabe von Traumata und Schuldverstrickungen an die nachfolgende/n Generation/en' gesprochen. Sigmund Freud bezeichnet dies sehr anschaulich als ‚Gefühlserbschaft' – und beschreibt damit Mechanismen der unbewußten Übermittlung von Erfahrungen zwischen Eltern und Kindern sowie die Auswirkungen, welche die ungewollte, oft völlig unbewußte Weitergabe von Traumatisierungen haben können – in unserem Kontext auf die Nachkommen von Opfern und Tätern. Dabei braucht es nach menschlicher Erfahrung offenbar tatsächlich drei bis vier Generationen, bis ein Trauma ‚ausgeschwitzt' ist und seine Gewalt über uns verliert.

Wenn die Deutschen nach 1945 große Teile der Sprache ihres wunderbaren Liedgutes verloren hatten, wenn Worte wie Heimat, Vaterland, Nation über lange Jahrzehnte oft nur schwer oder nur mit Anführungszeichen gesagt werden konnten, dann ist das eine Folge davon, daß diese Begriffe durch das Dritte Reich unglaubwürdig geworden waren, sie ihre Unschuld verloren hatten.

Vielleicht ist das besonders starke deutsche Engagement für Europa nicht nur einfach in sich selber richtig und wichtig, sondern ein klein wenig auch Ausdruck dafür, daß die Vorstellung von einem Deutschland als Heimat nach dem Dritten Reich so kompliziert geworden war. Und vielleicht hat erst das ‚Sommermärchen' der Fußballweltmeisterschaft 2006 vielen Menschen in Deutschland ein klein wenig natürlicher Unbefangenheit gegenüber Fahne, Hymne und der eigenen Heimat zurückgeben können …

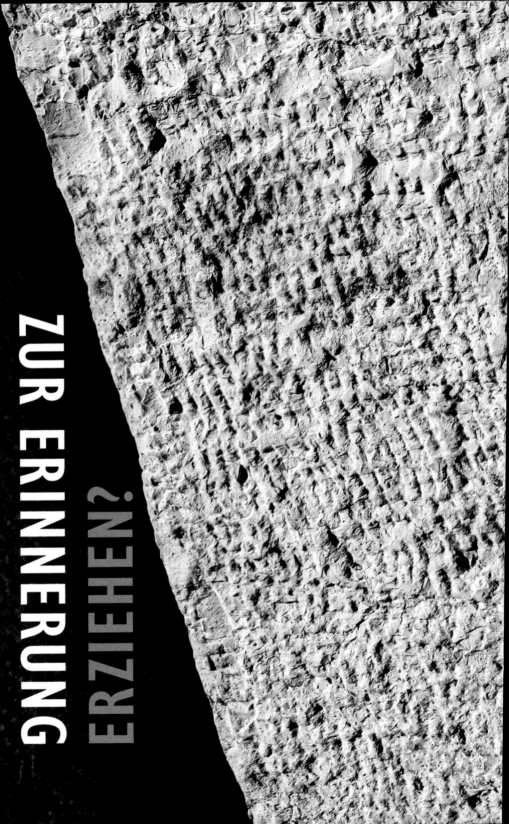

ZUR ERINNERUNG ERZIEHEN?

„**Die Shoah** stellt heute keiner mehr ernsthaft in Frage!
Und wer jetzt doch noch behauptet, wird ja wohl eher als Spinner angesehen.
Es wird ja sogar in einigen Ländern bestraft, wenn man die Shoah leugnet.
Da hat sich wirklich was verändert bei den Leuten.
Und dann die Gedenkstätten überall – so was wie die Shoah kriegen wir nicht wieder!"

Yad Vashem sieht unzählige Besucher aus dem In- und aus dem Ausland. Zahllose Kränze werden im Gedenkzelt niedergelegt, Politiker erklären, wie dieser Ort daran erinnern soll, daß ein schreckliches Geschehen sich nie und niemals wiederholen möge.

Stimmt, da ‚war' etwas. In weiter, ferner Vergangenheit.

Welche Gültigkeit haben solche Besuche, hat das Pathos offizieller Erklärungen? Können sich aus einem Besuch Yad Vashems über deklaratorische Reden und Statements von Politikern und der Beschwörung einer Vergangenheit, die ‚nie wiederkehren darf', Einsichten ergeben, die darüber hinausweisen, die eine verbindende Brücke herstellen zwischen dem, was einmal ‚war', zu dem, was wir heute vielleicht anders machen wollen? Was suchen wir in der Begegnung mit Vergangenheit?

Die Thematisierung von Drittem Reich und *Shoah* ist in den Schulsystemen Israels und auch Deutschlands eine Selbstverständlichkeit. Das lädt aber zu der Frage ein, ob und wie wir heute eine pädagogische Auseinandersetzung mit der Shoah, dem Dritten Reich und den Furchtbarkeiten seiner zwölf Jahre dauernden Schreckensherrschaft eigentlich verantworten können! Solange wir keine überzeugenden Gründe anbieten, warum eine solche Auseinandersetzung für Menschen heute sinnhaft und relevant sein kann, erscheint eine Thematisierung besonders der Shoah beinahe als eine Form von grundlosem Sadismus gegenüber denen, die mit dem Thema ‚gequält' werden. Ohne überzeugende ‚Botschaften' aus der Begegnung mit der Shoah gibt es eigentlich keine Veranlassung, das traurige Thema weiterhin lebendig zu halten.

Überhaupt ist eine ritualisierte Erinnerung an das Dritte Reich und die Shoah ja nicht unproblematisch. Menschen wollen nach vorne schauen. Und so gibt es für junge Israelis heute tausend gute Gründe, ihr Selbstverständnis nicht aus einer Katastrophe abzuleiten, sondern vielmehr aus der unglaublichen Aufbauleistung, die der Staat Israel über die letzten 70 Jahre vollbracht hat. Israel ist ein anhaltendes Wunder. Warum nicht auf diesem sich eindrucksvoll fortsetzenden Projekt eine selbstbewußte Identität begründen?

Und wieso sollten junge Deutsche sich weiterhin auf das Dritte Reich zurückbinden lassen? Nach 1945 ist in Deutschland eine der vielleicht eindrucksvollsten Demokratien dieser Welt entstanden. Deutschland ist ein Land, das wirtschaftlich, politisch und auch moralisch so viel anzubieten hat! Deswegen haben auch junge Deutsche heute ersteinmal allen denkbaren Grund, auf ihr Land stolz zu sein. Warum also ihre Identität verknüpfen mit einer verkniffenen Rückschau und auf eine Schuld, die nicht die ihre ist ...?

Sicherlich hat Erinnern immer auch eine Gültigkeit in sich selber. Gleichzeitig fragt es allerdings immer auch nach einem ‚Wozu'. Was könnten, was wollen wir also aus einem Erinnern gewinnen an ein so schweres Kapitel unserer jüdischen und deutschen Familiengeschichte? Gelingt es uns, über ein mittlerweile oft als pathetisch-vage empfundenes ‚Nie wieder' hinaus doch auch so etwas wie ‚universale Botschaften' zu entdecken, die sich aus der Shoah ableiten lassen, Botschaften, die wir in unser Leben hineinnehmen und vielleicht auch an Generationen nach uns weitergeben wollen?

JUDEN, ZIGEUNER, MUSLIME, ASYLANTEN?

„Es gibt aber auch Gruppen, die sollte man ..."

Mit der Entstehung des Humanismus rückte der Mensch in den Mittelpunkt der Welt und des Kosmos. Eine vielleicht nicht voraussehbare Folge der weiteren Entwicklung war dabei die fortschreitende Ablösung des Menschen von jeder vorgestellten göttlichen Autorität. Die Menschheit entwickelt sich zunehmend, ohne jeden lenkenden himmlischen Fahrplan, aus sich selber heraus weiter in die Zukunft.

Gegenüber einer liberalen Vorstellung eines Humanismus, bei dem alle Menschen ‚gleich' sind, läßt sich aus fast den gleichen Prämissen desselben Humanismus auch ein ‚evolutionärer Humanismus' ableiten. Das ist die Vorstellung, daß Menschen und Menschengruppen eben nicht gleich sind, sondern sich zivilisatorisch in dem Prozeß der Menschheitsentwicklung sehr unterschiedlich bewegen. In einem solchen evolutionären Prozeß können schnell Hierarchien gedacht werden zwischen wertvolleren und weniger wertvollen Gruppen.

Ein solcher sozialdarwinistischer, evolutionärer Humanismus besitzt eine grausame innere Logik und war die ideologische Basis für den Umgang mit Menschen im Dritten Reich. Die gnadenlose Ausrottung von ‚lebensunwertem Leben', von ‚Untermenschen' und eben auch von Juden wurde möglich über einen längeren und hochwirksamen Prozeß einer Dehumanisierung, die Menschen ihre gleichberechtigte Stellung als Menschen absprach.

Es ist heute eigentlich selbstverständlich, sich über die verschiedenen Formen der Abwertung und Entmenschlichung von unterschiedlichen Gruppen über die Zeit des Dritten Reiches zu empören. Der ‚evolutionäre Humanismus' scheint uns allerdings erhalten bleiben zu wollen und wir können eigentlich jeden Tag neu – oft schleichende – Prozesse von Ausgrenzung und Dehumanisierung unterschiedlicher Menschengruppen auch in unseren ‚aufgeklärten' Gesellschaften beobachten. Dabei wird die eigene Gruppe im Allgemeinen als besonders wertvoll wahrgenommen und steht gefühlt über den anderen. Kennen wir nicht dieses leichte Aufatmen, wenn sich bei der Nachricht von dem schrecklichen Flugzeugabsturz herausstellt, daß keine Angehörigen des eigenen Landes unter den Opfern waren? Wie wohltuend ist es dagegen, wenn die neue bahnbrechende Erfindung in meinem Volk entwickelt wurde, und wie beruhigend, wenn der radikale Bombenwerfer einer ohnehin suspekten religiösen oder ethnischen Gruppe angehört – wir hätten es uns gleich denken können.

Für den evolutionären Humanismus spielt es keine Rolle, ob wir von ‚den' Juden, Muslimen, Asylbewerbern, Flüchtlingen oder anderen Gruppen sprechen. Er ist wirksam, wenn von ihnen als Kollektiv und dabei überwiegend negativ gesprochen wird – als dem ersten Schritt, Menschen ihre Individualität wegzunehmen. Wenn Menschen über stereotype Gruppenzuweisungen beschrieben werden, um ihnen dann schlimme Dinge antun zu können ...

DIE LUST DER UNTERWERFUNG

„Gruppe macht Spaß!"

Als Trainer für die Organisation *SOS-Gewalt/Zentrum für Friedenspädagogik in Israel* habe ich einige Jahre lang mit Schulklassen in Israel und Deutschland gearbeitet – kein einfaches Geschäft.

Bei einer besonders schwierigen, extrem hormongesteuerten Klasse der achten Stufe mit Jugendlichen im Alter von 14 bis 15 Jahren wollte ich mir Autorität verschaffen und dafür ein Experiment probieren, wie es in dem Buch *Die Welle* (1981) von Morton Rhue beschrieben wird. Um sie dafür zu gewinnen, erklärte ich den im Kreis sitzenden Jugendlichen die

Grundregeln von Rhetorik, die Wirksamkeit von selbstbewußtem Auftreten, die Überlegenheit des aufrechten Stehens gegenüber lässiger Sitzhaltung, die Bedeutung von Blickkontrolle über ein störanfälliges Publikum und – die Macht der Disziplin!

In einer knappen Viertelstunde war es eingeübt. Die jeweils aufgerufenen Jugendlichen sprangen jetzt von ihren Sitzen auf, stellten sich zackig hinter ihre Stühle und gaben stramm und mit energischer Stimme die eingeforderten Antworten. Sie hätten auch salutiert, wenn es verlangt worden wäre! Ich konnte das Tempo von Fragen und Antworten verdoppeln, verdreifachen – die Jugendlichen gingen mit. Und wurden dabei immer besser! Die verbleibenden 30 Minuten der Seminareinheit waren die wohl effizientesten Unterrichtsminuten, die die Schüler in ihrer schulischen Karriere erlebt hatten. Ich sah die völlige Unterwerfung von 32 aufsässigen Jugendlichen unter das strenge Diktat meiner Führerschaft.

Das Erschreckende an diesem ja recht bekannten und hier eher spontan nachimprovisierten Experiment war die Begeisterung und völlige Hingabe, mit der die Jugendlichen sich innerhalb so weniger Minuten meiner bis dahin gar nicht existenten Autorität unterwarfen. Ich konnte sicher sein, daß sie auf ein Kommando von mir ohne weiter nachzudenken auch ihre Pausenbrote vernichtet hätten. Sie waren wie im Rausch und dann auch richtig enttäuscht, als die Unterrichtsstunde zu Ende war. Sie hatten sich – vielleicht zum ersten Mal in ihrem Leben – als eine funktionierende Einheit erfahren. Und mehr als das: Ein zufällig zusammengewürfelter, inhomogener Kreis von teils lautstarken, teils unauffälligen Individuen hatte sich verwandelt zu einer Elite, in der jetzt jeder und jede Einzelne zählte und sich einbrachte als unverzichtbares Teil einer geschlossenen, selbstbewußten, überhöhten Schicksalsgemeinschaft.

Ich hatte bei diesem Experiment ja nichts Neues erfunden. Aber es war schon sehr speziell, die bekannten Theorien zum Autoritarismus unmittelbar in ihrer Wirksamkeit selber zu erleben. Wie immens groß scheint die Bereitschaft zur Unterwerfung zu sein! Und wie tief ist offenbar unsere Bedürftigkeit, einer höheren Idee, einem größeren Ganzen angehören zu dürfen. Das Versprechen, Teil einer solchen starken Gruppe, einer Schicksalsgemeinschaft mit einer großen Aufgabe zu sein, ist in seiner Attraktivität kaum einzuholen. Aufgeklärte, liberale Systeme in ihrer Bevorzugung des Individualismus werden sich immer sehr schwer tun, vergleichbare Angebote zu machen.

Dem Reiz, das Experiment wie im genannten Buch über Tage und Wochen auszudehnen, zu erleben, wohin die neue Disziplin uns führen würde, konnte ich tatsächlich nur schwer widerstehen. Richtig erschreckend war dann nur, welchen unglaublichen Spaß und tiefe Befriedigung mir selber diese kurze, leider nur eine Stunde währende Karriere als Demagoge und Diktator geschenkt hatte ...

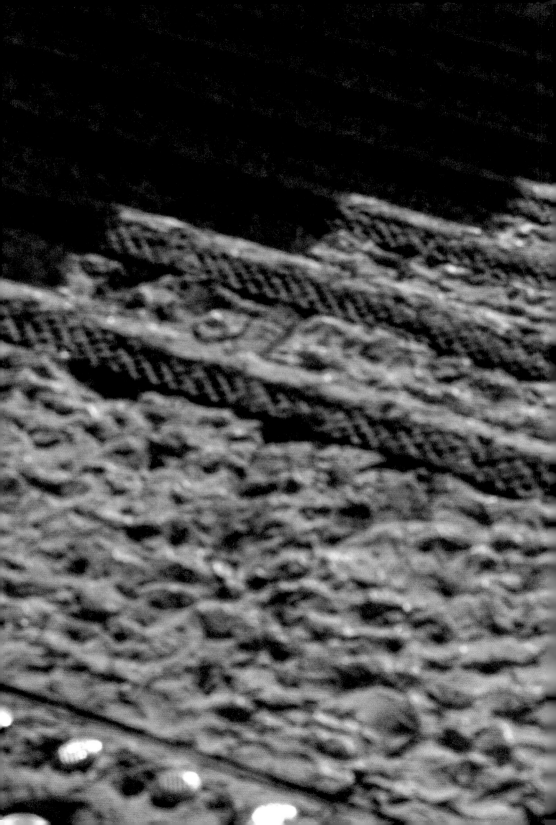

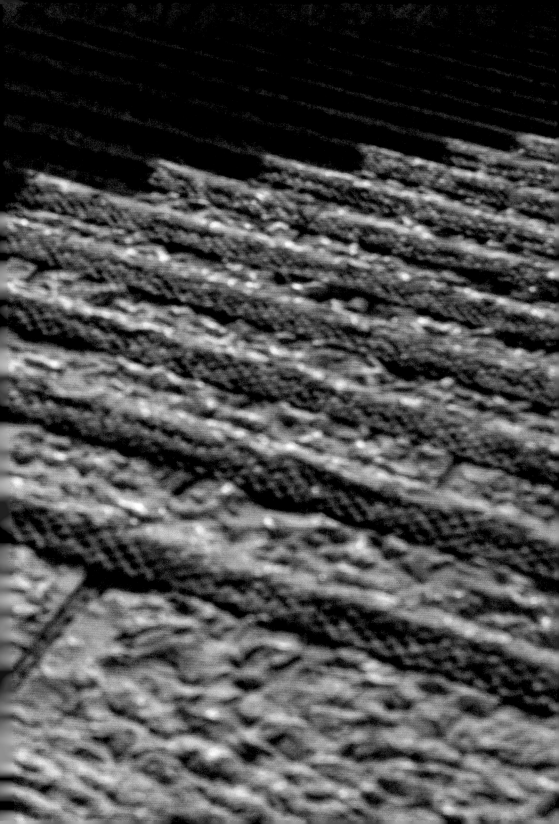

ERZIEHUNG ZUR PASSIVITÄT

„Wir Deutschen bleiben ja doch recht gerne auf dem Zaun sitzen und warten erstmal ab, was passiert ..."

Sicherlich gab es im Dritten Reich zahlreiche Opportunisten sowie die unmittelbaren Täter, die auf den verschiedenen politischen, militärischen und gesellschaftlichen Ebenen des Dritten Reiches fürchterliche Dinge zu verantworten haben. Die meisten Menschen in Nazi-Deutschland werden allerdings versucht haben, unter den bestehenden Umständen ein normales Leben zu führen, Sitte und Anstand im Rahmen ihrer Möglichkeiten treu zu bleiben.

Welche Bedingungen mögen dazu geführt haben, daß in dieser Zeit nicht nur ein Teil der Menschen tatsächlich seinen sittlichen Kompaß verlor und zu Mördern werden konnte, sondern – was vielleicht viel wichtiger ist – wie Menschen, die das Nazi-Regime und seine Politik eigentlich nicht billigten, trotzdem zuließen wie Unrecht und Gewalt zur Tagesordnung wurden? Wie erklären wir das Phänomen der Zuschauer, das ‚by-standerism', wo Menschen das Böse wahrnehmen, aber nicht dagegen handeln?

Eine mögliche Antwort liegt in der langen pädagogischen Tradition einer *Erziehung zur Passivität*: Wenn die streitenden Kinder auseinandergezogen und von den Eltern in ihre Zimmer geschickt werden, lernen sie, daß nicht sie selber, sondern eine höhere Gewalt für Ruhe sorgt. Und wenn dem übergriffigen Schüler vor der Klasse vom Lehrer erklärt wird, er möge sich nach dem Unterricht bei ihm einfinden, dann wird damit der Klassengemeinschaft deutlich signalisiert, daß die Regelverletzung eine Angelegenheit nur zwischen dem gewalttätigen Kind und dem Lehrer, also der höheren und befugten Autorität ist – und nicht das Problem der betroffenen Klassengemeinschaft. Wenn jetzt derselbe Schüler in der Pause auf dem Schulhof ein anderes Kind brutal zusammenschlägt, werden die drumherum stehenden Kinder nach der gleichen Logik auch nicht dazwischengehen, sondern hilflos darauf warten, daß hoffentlich die Pausenaufsicht einschreitet. Unsere Erziehung, unsere Sozialisierung vom Kindergarten bis in das Erwachsenenleben hinein ist davon geprägt, daß wir genau auf dieses Eingreifen von oben, auf die ‚befugten Instanzen' warten, deren Autorität wir uns bereitwillig unterwerfen.

Auf der politischen Ebene vebindet sich eine solche Konditionierung leicht mit den Strukturen von autoritären Systemen: Durchsetzungsbereite Menschen drängen an die Spitze, um von dort mit Charisma, Demagogie und oft nackter Gewalt Furcht zu stiften und nationale Notstände zu verkünden, die nur sie allein auflösen können. Sie schenken ein sicheres ‚Wir' und erklären, was weiß und wo schwarz ist, wer zu uns gehört und wer eben nicht. Die damit verbundenen Prozesse verändern dann auch schleichend unsere Sprache und korrumpieren gesellschaftlichen Konsens. Erstaunlich ist eigentlich nur, mit welcher Leichtigkeit es immer wieder gelingt, derartige Strukturen entstehen zu lassen.

Es wäre aber ungerecht, allein durchsetzungsbereite Despoten für die Misere verantwortlich zu machen. Am Ende sind wir es ja, die nach diesen Gestalten rufen, die mit ‚fester Hand' alle echten oder suggerierten Bedrohungen von uns abwenden sollen. Und wir offenbar immer wieder auch bereit sind, dafür unsere Freiheit an sie abzugeben.

NIE WIEDER?

„Das ist schon ziemlich übel, was die da oben machen! Politik ist einfach ein unglaublich schmutziges Geschäft, da will ich meine Finger wirklich nicht drin haben …!"

Philosophen der Aufklärung verstanden sehr genau, warum eine Gewaltenteilung die notwendige Basis für eine rechtssichere Existenz der Bürger eines Staatswesens bedeutet. Deswegen verstehen Autokraten sehr gut, daß sie genau diese Trennung aufbrechen müssen.

Oft schwer erkämpfte demokratische Systeme sind entsprechend von derartigen Prozessen regelmäßig bedroht. Die Demokratien Griechenlands und Roms sowie ein Frankreich nach der Revolution wurden von Autokraten ‚übernommen' – selbst eine großartig konzipierte Weimarer Republik! Und um die Zukunft mancher demokratischen Systeme heute sieht es auch nicht besonders gut aus.

Die Weimarer Repulik ist tatsächlich ein besonders unschönes Beispiel für den schnellen Untergang einer Demokratie: Schon 1933 und innerhalb nur weniger Monate nach seiner Ernennung zum Reichskanzler war es einem demokratisch gewählten Hitler und seinen gewaltbereiten Helfern durch Terror und Einschüchterung gelungen, den gesamten Rechts- und Polizeiapparat Deutschlands in ihre Gewalt zu bekommen. Von da an lebten die Menschen in Deutschland in Angst vor der Willkür der eigenen staatlichen Rechtsorgane.

Wo immer es gelingt, autoritäre Strukturen entstehen zu lassen, kommen Menschen schnell an Grenzen. Wir billigen vielleicht nicht, was um uns herum geschieht, werden aber nicht laut. ‚Angst ist der Tyrannen bester Freund – und der Freiheit größter Feind!' Faschistische Systeme leben von der Angst in den eigenen Reihen. Wer wollte den ersten Stein aufheben und Menschen verurteilen, die nicht zu Helden werden …?

Die vielleicht eigentliche und zentrale Frage, die sich aus der Betrachtung von Drittem Reich und der Shoah ergibt, müßte wahrscheinlich lauten: Wie konnte es überhaupt zur Shoah kommen?

Der jüdische Sozialpsychologe und Autor Manes Sperber erklärte im Rahmen einer Diskussion in den 1980er Jahren des letzten Jahrhunderts, eine Shoah könne *„von jeder (!) Nation begangen werden. Überall lassen sich Menschen finden, die so Entsetzliches durchzuführen bereit sind. Es gehört nur eine Diktatur und eine entsprechend gut funktionierende Bürokratie dazu. In der Demokratie, in der man wesensgemäß die Regierung kontrollieren kann, ist eine Shoah dagegen undenkbar …'*

Wir können davon ausgehen, daß viele Deutsche in der einen oder anderen Weise dem Dritten Reich und seinen Erscheinungsformen kritisch, oft sogar ablehnend gegenüberstanden. Und gleichzeitig funktionierte das Nazi-System fast reibungslos. Die Shoah kann nur im Kontext eines faschistischen Systems verstanden werden.

Ein solches Verständnis würde dann auch das Nachdenken über die Bedeutung von Demokratie zu einer zentralen, vielleicht sogar der (!) universalen Botschaft der Shoah und des Dritten Reichs machen: Gegenüber autoritären Systemen ist in einer Demokratie Widerstand möglich! Das ist nicht immer umsonst. Wer sich ‚falsch' positioniert, verliert leicht seine Stellung in der vertrauten Gruppe. Mit unliebsamen Meinungen riskieren wir Karriere oder den Verlust des Arbeitsplatzes. Aber – in einer Demokratie müssen Menschen keine Angst haben, dabei das Leben zu verlieren.

Studien zeigen, daß junge Menschen in Deutschland und Israel dem Begriff der Freiheit einen hohen Wert beimessen und durchaus begreifen, daß Freiheit etwas mit ihrem persönlichen Wohlergehen zu tun hat. Die gleichen Studien zeigen aber auch, daß der unmittelbare Zusammenhang von Demokratie und Freiheit nicht immer verstanden, die wesenhaften Aspekte von autoritären gegenüber demokratischen Systemen oft nicht wirklich unterschieden werden. Und immer weniger Menschen haben ein Verständnis dafür, daß Demokratie und die damit verbundenen Freiheitsrechte alles andere als selbstverständlich sind. Was heißt das für unser Erziehungssystem? Wie können wir angesichts einer offenbar wachsenden Demokratiemüdigkeit ein Bewußtsein für den Wert von freiheitlichen Rechtssystemen stiften und erhalten?

Tragisch ist die zunehmende Delegitimierung von parteipolitischem Engagement und das Überlassen von politischer Verantwortung an andere. Es scheint ein Verständnis verlorenzugehen dafür, daß für das Bestehen einer Demokratie viel getan werden muß, über Wählen, Mitgliedschaft und Teilhabe bei politischen Parteien, wie auch über ein Engagement in den verschiedenen Bereichen einer Zivilgesellschaft.

Aussagen wie ‚*was die da oben machen…*' oder ‚*Politik ist schmutzig!*' stehen für diesen Rückzug von demokratischem Engagement und vermitteln den Eindruck, als hätten die schlimmen Erfahrungen mit dem Dritten Reich wie auch mit anderen autoritären Systemen der jüngeren Vergangenheit ihre Wirksamkeit verloren.

In einer Gegenwart, in der demokratische Übereinkünfte zunehmend demontiert werden, wo weltweit skrupellose Politiker erfolgreich versuchen, umfassende Kontrolle zu gewinnen, mag es passen, den Shoah-Überlebenden Primo Levi aus seiner Autobiographie *Ist das ein Mensch?* zu zitieren: „*Die Zivilisiertheit einer Gesellschaft zeigt sich darin, inwieweit seine Gesetze dazu dienen, die Schwachen nicht zu schwach werden zu lassen, und die Starken daran hindern, zu viel Macht an sich zu reißen.*"

Yad Vashem reflektiert ein furchtbares Kapitel jüdischer und deutscher Geschichte. Für die einen entstand daraus ein politisches Mantra gegen Gewaltanwendung – ‚*Nie wieder Täter!*' Für die anderen ergab sich ein zentraler Leitsatz für das Überleben – ‚*Nie wieder Opfer!*'

Ob sich diese beiden Sätze im Sinne Primo Levis zu einer gemeinsamen Absage an Faschismus und autoritäre Gesellschaftsentwicklungen verbinden lassen? Könnte damit Demokratie als die universale Botschaft Yad Vashems verstanden werden?

DER BLICK INS GRÜNE

„Aus Yad Vashem in das Gelobte Land ..."

Unmittelbar hinter der Eingangshalle befindet sich der Zugang zu dem neuen, modernen historischen Museum, das 2005 der Öffentlichkeit zugänglich gemacht wurde.

Das Museum ist eine architektonische Perle! Halb unterirdisch und wie ein überdimensionaler Sarg durchschneidet es prismaförmig als fast 200 Meter langgestreckter Betonriegel die Gesamtanlage Yad Vashems. Der Weg durch die zehn Ausstellungshallen des Museums führt in großen Serpentinen, die sich auch nicht abkürzen lassen, durch die Geschichte jüdischen Lebens vor der Shoah, über die einsetzende Ausgrenzung und Verfolgung von Juden in Verbindung mit den Entwicklungen in und um Nazi-Deutschland, über die verschiedenen Etappen der Vernichtung bis hin zu der Befreiung durch die Alliierten und auf dem verschlungenen Wegen der Überlebenden in das ‚Gelobte Land'.

Gegenüber der Konzeption des alten Museums bietet das neue Museum immer wieder einen Perspektivwechsel vom Gesamtinferno zum Einzelschicksal. Über die Beschreibung der historischen Abläufe hinaus liegt ein Schwerpunkt gerade auf den Dilemmata, denen jüdische Menschen während der Shoah ausgesetzt waren. Viele der Exponate sind persönliche Erinnerungsstücke, deren Weg in das Museum mit oft erstaunlichen Geschichten verbunden sind. In kleinen Nischen und Seitenräumen besteht die Möglichkeit, Überlebenden zuzuhören. Die überwiegend unfaßbar-gefaßten, beinahe emotionslosen Erzählungen und Berichte sind in ihrer Nüchternheit atemberaubend.

Die große Terrasse zum Ende des Museumstunnels schenkt einen überraschenden, spektakulären Blick nach Westen über die grün bewaldeten Berge von Judäa. Mit einem tiefen körperlichen wie auch symbolischen Aufatmen geht der Blick nach vorne in die Zukunft. Wie wir schon in der Gedenkhalle erleben konnten, die mit ihrer stilisierten Zeltform einen architektonischen Verweis auf die Stiftshütte und damit auf die Anwesenheit Gottes selbst an diesem Unort bietet, ist der Abschluß und Ausgang des Museums mit seinem grandiosen Ausblick auf das wieder aufgeforstete judäische Bergland ein eindrucksvolles ‚statement'. Dieser Blick nach vorne in die Zukunft ist ein absolut mutiger, hoffnungsfroher Gedanke. Er trägt eine Gewißheit, daß die Shoah nicht das letzte Wort sein soll.

DIE GESCHICHTE VON PARZIVAL UND DEM HEILIGEN GRAL

Nachgedanken

Erinnerung ist das Geheimnis der Erlösung, sagt der Baal Shem Tov, der Begründer des chassidischen Judentums in der ersten Hälfte des 18. Jahrhunderts. Gemeint ist damit wohl: Wer sich an das Frühere erinnert, tut das um der Gegenwart willen – und zugunsten der Zukunft. Ich erinnere mich an das, was gestern war, um heute wach zu leben und aufmerksam zu handeln – und um morgen verantwortliche neue Schritte zu wagen.

Mich persönlich haben, stärker als ein solches Gedenken und Erinnern, die nicht gestellten Fragen interessiert. *Und* meine eigene Unfähigkeit, eingezwängt in Normen von Diskretion und kalter Höflichkeit, im richtigen Augenblick die richtigen Fragen zu stellen. Was weiß ich eigentlich von dem Leben des Großvaters, der über den gesamten Zweiten Weltkrieg Divisionspfarrer für die deutschen Wehrmachtssoldaten war? Was war seine Verkündigung als Pastor im Krieg? Was war seine Verkündigung nach dem Krieg? Was war die Verkündigung von Helmut Rößler, der als Sohn des Konsuls Walter Rößler in seiner Jugend mit den Bildern von ermordeten Armeniern auf den Straßen Aleppos konfrontiert war? Er war Theologe, nicht bei den Deutschen Christen, auch nicht Mitglied der Bekennenden Kirche, nach dem Krieg Oberkirchenrat und wesentlich beteiligt an dem Aufbau der Rheinischen Kirche und ihrer kirchenmusikalischen Hochschule. Was mag er nach 1945 gewählt haben? Ich habe beide kein einziges Mal nach ihrem Leben befragt.

Was wissen wir von der Generation, die noch den Ersten Weltkrieg, Inflation, Weimar, Börsenkrach und Weltwirtschaftskrise als junge Erwachsene, Aufstieg und Untergang des Dritten Reiches in der Mitte ihres Lebens erlebten? Was hat sie in diesen Zeiten bewegt, wie haben sie damals gedacht und gefühlt? Wie haben sie ihren Alltag gelebt und bewältigt?

Und was wissen wir von unseren Eltern – so nahe und doch auch so fern – von ihrer Kindheit, ihrer Jugend, ihren Lebensthemen und ihren Träumen? Wie gerne wüßten wir im Rückblick mehr über die Lebensgeschichte(n) der Eltern und Großeltern – wofür es dann oft leider zu spät ist. Hätten vieles von dem Gehörten vielleicht gerne auch aufgeschrieben. Würde mehr über sie zu wissen nicht auch helfen, mehr über uns selbst zu verstehen? Aber warum fragen wir sie eigentlich nicht? Oder haben nicht gefragt? Möglicherweise ist unser eigener Teller einfach zu voll, sind wir in unserer angestrengten Gegenwart, dem Hier und Jetzt notgedrungen mit uns selbst beschäftigt. Und warum sind die Älteren nicht auf uns zugegangen? Haben sie vielleicht einfach gewartet und darauf gehofft, von uns befragt zu werden? Hätten sich gerne für uns geöffnet und waren zu verhalten, dies von sich aus zu tun? Oder sind wir es selber, die zu schüchtern waren?

Was mögen die immer wieder unausgesprochenen Themen zwischen den Generationen sein, die in stillem Konsens nicht berührt werden wollen …? Deutlich ist jedenfalls: Nicht nur die Kinder, Enkel der Generation des Zweitens Weltkrieges stehen in biographischer Gemeinsamkeit vor schwarzen Löchern des Nichtwissens voneinander.

Anders als es der Baal Shem Tov vermutet, ist es möglicherweise weniger das Erinnern, das Erlösung stiftet, als vielmehr die erlösende Kraft des Fragens.

Für diesen Gedanken gibt es eine wunderbare literarische Vorlage. Es ist die Geschichte von Parzival und dem Gralskönig Anfortas, der für eine schwere Schuld mit einer ewig schwärenden, schmerzenden Wunde gestraft ist und nur geheilt werden kann durch eine einfache Frage: ‚*Wie geht es Dir?*' Parzival, der ‚tumbe Tor', der auf seinem Weg zum heiligen Gral immer wieder auch selber schuldig wird, weiß aus tief verinnerlichter Konvention heraus nicht, im entscheidenden Augenblick die notwendige Frage zu stellen. Er bleibt stumm und wird dafür aus der Gralsburg vertrieben.

‚*Wie geht es Dir?*' Nicht im Sinne einer Begrüßung im Alltag, sondern als Ausdruck einer unmittelbaren und vor allem nicht wertenden Anteilnahme an dem wirklichen Ergehen des Anderen und seiner Geschichte. Es ist eine Zuwendung, die aus Selbstrechtfertigung herausführt und Öffnung möglich macht. Die erlösende Kraft der mitleidenden Frage. Auch Parzival muß erlöst werden, muß auf seinem Weg lernen, daß Mitleid wichtiger ist als die Kälte eines diskreten Schweigens. Im Epos steht der Heilige Gral als Symbol für diese Erlösung. Erst nach langen Jahren der Suche erhält Parzival eine zweite Gelegenheit, stellt die ‚Mitleidsfrage' und erlöst den leidenden Anfortas – und dabei auch sich selbst. Nach der Heilung des Anfortas wird Parzival König des Grals – der eigentlich Erlöste ist der Erlöser selbst!

Wahrscheinlich werden wir alle auf die eine oder andere Weise schuldig in unserem Leben. Aber im mitleidenden Interesse gegenüber dem anderen verliert auch eigenes Versagen im Leben seine Macht über uns. Und vielleicht hätte der kaltherzige Stadtrat aus München am Anfang unseres Weges mehr Gefühl für die Opfer der Shoah, überhaupt für andere aufbringen können, wenn er eigenes Leiden nicht hätte unterdrücken müssen, wenn auch ihm die Mitleidsfrage geschenkt worden wäre ...

INHALT

Einleitende persönliche Gedanken 6
Vom Tempelberg über den Regierungsberg zum Erinnerungsberg ... 16
Gedenkstätte 22
Hört auf, uns zu nerven! 30
Sich aus dem Fenster hängen 36
Kosaken, Helden und Adolf Eichmann 42
Hollywood und böse Mathe-Lehrer 52
Hohepriester, Leopard II und Gnade der späten Geburt 60
Nackter Beton 64
Theologie nach Auschwitz 68
Eine Antwort von unten 76
Wenn nicht Gott — wer dann? 82
Amr Mussa, Trump und israelische Staatsraison 88
Die gleiche Münze — Yad Vashem und Massada 92
Kein Blut für Öl! 100
Krieg im Namen Gottes 106
Von Warschau nach Summerhill 112
Götterpantheone, Fünfte Kolonne und Römer 13 118
Die Magie des Segens 128
Papst zerschlägt gordischen Knoten 136
Der Rest ist Geschichte 142

Fischbrötchen mit Zwiebel — mit Antisemitismus leben 148

‚Political correctness' und Zionismus 154

Der Elefant im Raum 160

Shoah — Gründung des Staates Israel — Nakba 164

Was wäre, wenn 170

Vergleichbarkeit von Nakba und Shoah? 174

Juden wie Nazis? 180

Von Theodor Herzl zu den regionalen Aspekten des Nahostkonfliktes 184

Engagement für den israelisch-palästinensischen Konflikt 194

Die Weisheit der Sibylle 200

Sochrot, Daheishe und der ‚gerechte Frieden' 206

Abstraktion und Gedenkstättenpädagogik 212

Singularität der Shoah? 218

Ein Sommermärchen 226

Zur Erinnerung erziehen? 228

Juden, Zigeuner, Muslime, Asylanten? 230

Die Lust der Unterwerfung 240

Erziehung zur Passivität 246

Nie wieder? 252

Der Blick ins Grüne 258

Die Geschichte von Parzival und dem Heiligen Gral 262

Christian Theology in the Palestinian Context
Preface by Michel A. Sabbah
Edited by Rafiq Khoury and Rainer Zimmer-Winkel

With contributions by: Rev. Naim Ateek, P. Frans Bouwen MAfr., Bischop em. Elias Chacour, P. Peter Du Brul SJ, P. Pierre Georgio Gianazza sdb, Rifat Kassis, Rev. Hanna Katanasho, P. Jamal Khader, Giries Sa'ed Khoury (+), P. Rafiq Khoury, Rev. Isaac Munther, P. David M. Neuhaus SJ, Rev. Mitri Raheb, Viola Raheb, Patriarch em. Michel Sabbah, Bishop (em.) Munib Younan, Jean Zaru – With CV's, comprehensive list of publications, bibliography and additional Documents.

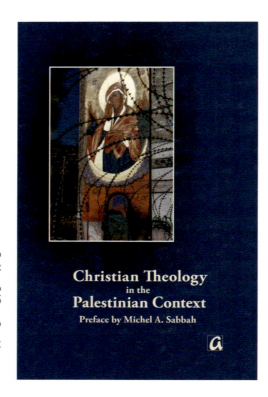

AphorismA | ... rechts und links von Jerusalem ...

AphorismA Verlag Berlin 2019
1. Auflage | 512 Seiten | 30,00 €
Hardcover, Leseband, Fadenheftung
ISBN 978-3-86575-049-5

ISRAEL & PALÄSTINA

Israel • Palästina • Deutschland – zusammen denken
Zeitschrift für Dialog | Herausgegeben vom diAk e.V.

Jede Ausgabe der Zeitschrift *israel & palästina* hat ein Schwerpunktthema und informiert umfassend über neue Entwicklungen im Nahostkonflikt. Beiträge, Analysen, Rezensionen und Originaldokumente liefern einen nahtlosen Überblick über die wichtigsten Ereignisse und prägende Veränderungen in der Region. Die Hefte haben einen Umfang von bis zu 80 Seiten. Jahresabonnement: 32,– €, Einzelheft 10,– € zzgl. Versand, Auslandspreise auf Anfrage; Abo in der Mitgliedschaft im diAk enthalten.

AphorismA Verlag Berlin 2019
218 Seiten | 15,00 €
ISBN 978-3-86575-375-5

Georg Rößler
Auf dem Weg nach Jerusalem
Ein Begleiter für die Pilgerwanderung in die Heilige Stadt

AphorismA Verlag Berlin 2017
1. Auflage | 176 Seiten | 20,00 €
Hardcover | ISBN 978-3-86575-067-9

Musik für die Augen
Mit Kalligraphien von Shahid Alam zu Tora, Bibel und Koran
Herausgegeben von Andreas Goetze

AphorismA Verlag Berlin 2018
1. Auflage | 164 Seiten | Schutzgebühr: 10,00 €
Hardcover | ISBN 978-3-86575-072-3

AphorismA | …rechts und links von Jerusalem…

Sana Mukarker-Schwippert

Wäre die Erde schön, wäre Gott nicht im Himmel

Keine kleinen Geschichten
Arabisch-deutsche Ausgabe

AphorismA Verlag Berlin 2019
1. Auflage | 104 Seiten | 15,00 €
Hardcover mit Leseband
ISBN 978-3-86575-065-5

Mati Shemoelof

Bagdad | Haifa | Berlin

40 ausgewählte Gedichte – Hebräisch-deutsche Ausgabe mit einem Gedicht in arabischer Übersetzung

AphorismA Verlag Berlin 2019
1. Auflage | 92 Seiten | 15,00 €
Hardcover mit Leseband
ISBN 978-3-86575-076-1

Beate Hammett

Schritte über den Abgrund

Meine Erinnerungen an den Kindertransport 1939
Mit einem Nachwort von Raed Saleh

AphorismA Verlag Berlin 2020
1. Auflage | 64 Seiten | 15,00 €
Hardcover mit Beilagen
ISBN 978-3-86575-064-8

Mati Shemoelof

100 Dokumente aus 100 Jahren

Schriftenreihe des diAk – Band 42-43
Teilungspläne, Regelungsoptionen und Friedensinitiativen im israelisch-palästinensischen Konflikt (1917 - 2017)

AphorismA Verlag Berlin 2017
1. Auflage | 728 Seiten | 35,00 €
Hardcover mit Leseband
ISBN 978-3-86575-063-1

Zum Autor

Georg Rößler, Studium Jüdischer Wissenschaften und Staatsrecht (M.A.) in Jerusalem und Heidelberg, lebt seit 1988 in Jerusalem. 1989 bis 1995 Projektassistent bei der *Friedrich Naumann Stiftung*. Lizensierter Reiseleiter, begleitet seit 1985 überwiegend christliche Pilger- sowie politische Bildungsreisegruppen. Gründer und ehrenamtlicher Co-Direktor von ‚SOS-Gewalt/Zentrum für Friedenspädagogik in Israel'. Co-Direktor von *SK-Tours in Nature*. 2017 erschien im AphorismA-Verlag sein Buch *Auf dem Weg nach Jerusalem – Ein Begleiter für die Pilgerwanderung in die Heilige Stadt*.

Photographin

Orli Hefetz-Haim ist israelische Reiseexpertin und Photographin. Die Photographien wurden in Yad Vashem aufgenommen.
Die Bilder in diesem Buch sind dem Andenken an ihre Großeltern Sheina und Dolek Speicher gewidmet.

Leporello

Mit Beiträgen von Yehuda Bauer, Gil Yaron, Stephan Reimers und Andreas Goetze, sowie einem Übersichtsplan der Gedenkstätte

Gestaltung

AphorismA |
Andreas Schröder & Rainer Zimmer-Winkel

Lektorat

Simon Duncker

Unterstützung

Neustart Kultur   Ökumenisches Zentrum

Papier

aus nachhaltigem Anbau

© AphorismA ▪ Verlag | Antiquariat | Agentur gGmbH
Kontakt: info@aphorisma.eu

> Georg Rößler
> **Nicht für Deutsche …?**
> Über Yad Vashem als Ort und Wirklichkeit
> Photographien von Orli Hefetz-Haim
> und Leporello zum Geleit
> AphorismA Verlag – Berlin 2021
> ISBN 978-3-86575-074-7